Apprendre l'italien en lisant des histoires courtes: 10 histoires en Italien et en Français avec liste de vocabulaire

Droits d'auteur © 2019 par Language University

Tous droits réservés. Ce livre ou toute partie de ce livre ne peut être reproduit ou utilisé de quelque manière que ce soit, sans l'autorisation écrite de l'éditeur, sauf pour l'utilisation de citations courtes à des fins de critique de livre.

ISBN: 9798603013763
Impression : Publication indépendante

Introduction 5

Storia 1: Infanzia, adolescenza e amicizia 8

   Vocabulaire 11

   Histoire 1: Enfance, adolescence et amitié 15

Storia 2: Una grande famiglia 19

   Vocabulaire 22

   Histoire 2: Une famille nombreuse 25

Storia 3: Una passione per la musica 28

   Vocabulaire 31

   Histoire 3: Une passion pour la musique 35

Storia 4: Vita di una famiglia normale 39

   Vocabulaire 42

   Histoire 4: La vie d'une famille ordinaire 45

Storia 5: Viaggi, turismo e vacanze 48

   Vocabulaire 52

   Histoire 5: Voyage, tourisme et vacances 55

Storia 6: I mestieri 59

   Vocabulaire 62

   Histoire 6: Les métiers 65

Storia 7: Nozze 68

   Vocabulaire 71

   Histoire 7: Mariage 73

Storia 8: Corrispondenti 77

   Vocabulaire 82

   Histoire 8: Correspondantes 85

Storia 9: Una passione per la scrittura 91

   Vocabulaire 95

Histoire 9: Une passion pour l'écriture 99

Storia 10: Una Serata tra Amici 103

Vocabulaire 108

Histoire 10: Une soirée entre amis 111

Introduction

Il y a plusieurs façons de s'immerger dans une langue italien: prendre des cours italien, regarder des films ou des séries télévisées avec sous-titres italien, prendre des cours en ligne, rejoindre un groupe italienne, voyager dans un pays italienne, lire des livres…

Ce livre vous propose un moyen simple mais efficace d'apprendre l'italien à travers des histoires pour débutants (niveaux A1 et A2).

Ce livre vous aidera à :

1. Apprendre du vocabulaire
2. Apprendre de nouvelles expressions sur un sujet spécifique
3. Apprendre le vocabulaire de la vie quotidienne utilisé pour communiquer avec les gens par le dialogue
4. Apprenez quelques phrases typiques fréquemment utilisées dans les dialogues italien
5. Corrigez et / ou améliorez votre prononciation avec l'audio
6. Améliorez votre compréhension grâce à l'écoute de l'audio
7. Améliorez simplement vos connaissances en italien quel que soit votre niveau

Les histoires sont principalement au présent de l'indicatif italien, de sorte que ce soit plus facile pour le lecteur d'apprendre les bases de la langue à travers les textes.

Vous vous souviendrez peut-être que le présent est utilisé pour faire des descriptions, faire des affirmations, raconter des faits qui se produisent dans le moment présent.

Comment utiliser ce livre pour améliorer votre italien.

1 - Lisez l'histoire sans regarder la traduction du vocabulaire. Essayez de le comprendre dans son ensemble.

2 - Lisez-le une seconde fois.

3 - Essayez de comprendre chaque phrase du paragraphe.

4 - Relisez l'histoire en notant les mots ou le groupe de mots que vous ne comprenez pas

5 - Regardez la liste de vocabulaire.

6 - Ensuite, essayez d'écrire un résumé de l'histoire en italien.

Un mot en Italien peut avoir plusieurs significations. La bonne signification dépend du contexte de l'histoire. Ne faites pas une mauvaise interprétation de la signification des mots.

Avant de lire une histoire, veuillez noter soigneusement le contenu du texte, lisez le titre et notez le sujet de l'histoire.

Si vous ne comprenez pas une phrase ou un groupe de phrases, ne vous inquiétez pas. La liste de vocabulaire est traduite pour vous aider.

Si vous apprenez le vocabulaire, il est important que vous vous en rappeliez à long terme.

Comment mémoriser le vocabulaire appris ?

Vous devez apprendre et revoir les mots plusieurs fois. Vous pouvez vous souvenir d'un nouveau mot en essayant de construire une phrase avec ce mot. Vous devez répéter et apprendre le mot régulièrement et fréquemment pour que votre cerveau le mémorise. N'hésitez pas à lire l'histoire plusieurs fois. Voyez comment le vocabulaire est utilisé dans les phrases. Lire et réécrire la traduction du vocabulaire pour assimiler le sens des mots.

En italien, les mots peuvent être différents selon le contexte.

Lorsque vous apprenez de nouveaux mots en italien, il vaut mieux apprendre toute la phrase dans laquelle le vocabulaire est utilisé. Ainsi, il sera plus facile de vous souvenir du vocabulaire.

Lorsque vous apprenez l'italien, écouter et lire ne suffisent pas. Vous devez parler et prononcer les phrases correctement. À votre troisième écoute, répétez après le narrateur.

Ensuite, écoutez à nouveau en lisant le texte.

N.B. Lorsque vous souhaitez apprendre une langue, apprenez-la et pratiquez-la autant de fois que vous le pouvez.

Storia 1: Infanzia, adolescenza e amicizia

Jane e Michelle si conoscono da quando erano piccole. Jane è bionda, Michelle è **mora**. La madre di Jane si chiama Mel. La madre di Michelle è Victoria. Victoria e Mel sono amiche **da molto tempo**. Jane è la **migliore amica** di Michelle.

Da bambine, amavano **giocare a campana, all'ora del tè** e a **nascondino**. Le loro madri le portano **spesso** al parco. Mel ama preparare le frittelle al cioccolato o la **torta di mele**. Jane e Michelle adorano anche guardare i **cartoni animati**. Amano guardare insieme "Barbie" e **"Il Re Leone"**.

Da quando hanno undici anni adorano praticare sport. Amano andare in **bici** e giocare a basket. A loro piace tanto anche **condividere segreti**. **Svolgono i compiti** insieme. La **materia preferita** di Michelle è il francese, quella di Jane sono le scienze.

A scuola, Jane ha **brutti voti** in matematica. **Prende lezioni private**. **Jane e Michelle passano più tempo a studiare che a divertirsi**. Michelle aiuta Jane a studiare. Mel e Victoria **sono orgogliose delle** loro figlie. Per ringraziarle, vanno in vacanza insieme alle loro famiglie.

Dalle elementari fino alle **scuole medie**, Jane e Michelle sono **amiche intime**.

Al liceo però, le due ragazze diventano **meno vicine**. **Crescono** e **non hanno più gli stessi interessi**. A Michelle interessano i libri ed è molto **concentrata** sui suoi **studi**. A Jane invece interessa essere alla **moda**, farsi conoscere alle **scuole superiori** e dai ragazzi. **Col tempo**, diventano **semplici conoscenti**.

Jane ha molte amiche ed una nuova amica del cuore: Lilly. Il **ragazzo** di Jane si chiama Lucas.

Anche Michelle ha una nuova **amica intima**. Il suo nome è Annie. Anche Annie **ama leggere** come Michelle.

Un sabato pomeriggio, Mel e Victoria invitano le loro **figlie** ad andare al cinema insieme. Il film è bello , ma **Jane e Michelle parlano a malapena.** Victoria è **triste. Jane e Michelle non sono più amiche.**

A casa, Victoria parla con Michelle:

- Tu e Jane **avete litigato**?
- No, perchè?
- Non le parli più.
- Ma no, ci parliamo.
- Ma non siete più amiche.
- Non abbiamo gli stessi **interessi**.
- **Invitala a casa.**
- No, grazie.
- Ma perché?
- Mamma, ora ha i suoi amici. E anche io ho la mia migliore amica. **Non importa** se non siamo più amiche.
- Ok, capisco.

Un pomeriggio, Michelle cammina nel parco. Vede Jane piangere su una sedia.

- Ciao Jane, **che cosa succede**? Perché stai piangendo?
- Ciao Michelle. Lucas e la sua famiglia **si trasferiscono** in un'altra città. **Ci lasciamo.**
- Mi spiace.
- Grazie.
- Dove sono le tue amiche?
- Non lo so. Non ci sono.

Jane sorride a Michelle e le chiede:

- E tu come stai?
- Sto bene, grazie. Non stare qui **da sola.** Vieni a **bere qualcosa con me**.
- No grazie. **Non voglio disturbarti.**
- Non mi disturbi. Ti sto invitando.
- Ok, ok. Grazie, Michelle. Sei davvero gentile.

Le due ragazze vanno al ristorante. Ordinano crepes al cioccolato e del succo. Jane racconta a Michelle i suoi problemi. Lilly non è veramente amica di Jane. Lilly è solo un'approfittatrice.

In serata, Jane si sente meglio. Racconta la sua giornata a sua madre.

Lucas se ne va. Jane dimentica la sua relazione con lui. Jane e Michelle iniziano a **trascorrere del tempo insieme**. Mel e Victoria sono felici.

Un giorno, **Victoria si ammala**. Jane aiuta Michelle a **prendersi cura di** Victoria. Annie visita Victoria. Michelle presenta la sua amica Annie a Jane. Jane è felice di incontrarla. Michelle invita Annie a pranzo a casa sua. Annie accetta con piacere. Jane e Michelle **preparano da mangiare**. Le tre ragazze mangiano insieme a mezzogiorno. Il pranzo è delizioso.

Tre giorni dopo, Victoria è **guarita**. Jane invita Michelle e Annie a fare shopping. Annie rifiuta l'invito perché ha da finire i compiti. Michelle accetta l'invito con piacere. Jane e Michelle **comprano** nuovi **abiti**, scarpe e **pantaloni**. Comprano una bellissima **collana** per Annie. Michelle prende un **cappotto** per sua madre e Jane compra una **giacca** alla sua.

Verso la fine dell'**anno scolastico, Jane non passa i suoi esami. Deve ripetere l'anno.** Jane è rammaricata. Chiede a Michelle di stare con lei. Michelle dice a Jane che è ancora sua amica. Jane decide di non **trascurare** più **i suoi studi**.

Jane e Michelle diventano quasi inseparabili. **Michelle aiuta Jane ad avere successo con gli studi**. Jane è felice. Michelle e Jane diventano amiche intime come prima.

Vocabulaire

Infanzia	Enfance
Amicizia	Amitié
Mora	Brune
Da molto tempo	Depuis longtemps
Migliore amico/migliore amica (M/F)	Meilleur ami/meilleure amie
Giocare a campana	Jouer à la marelle
Giocare all'ora del tè	Jouer à la dînette
Nascondino	Cache cache
Spesso	Souvent
Una torta di mele	Une tarte aux pommes
Cartoni animati	Dessin(s) animé(s)
Il Re Leone	Le roi lion
Andare in bici	Faire du vélo
Condividere segreti	Se raconter des secrets
Svolgono i compiti	Elles font leurs devoirs
Materia preferita	Matière préférée
Brutti voti	Mauvaises notes
Lei prende lezioni private	Elle prend des cours particuliers
Jane e Michelle passano più tempo a studiare che a divertirsi	Jane et Michelle passent plus de temps à étudier qu'à s'amuser
Sono orgogliose di	Ils/Elles sont fières de
Scuole medie	Collège

Amiche intime	Comme les deux doigts de la main
Adolescente/i (M/0F)	Adolescent(s)/adolescente(s)
Meno vicine	Moins proches
Crescono (crescere)	Elles grandissent (grandir)
Non hanno più gli stessi interessi	Elles ne s'intéressent plus aux mêmes choses
Concentrato/a (M/F)	Concentré/concentrée
Studi	Études
Moda	Mode
Scuola superiore	Lycée
Col tempo	Au fil du temps
Semplici conoscenti	Simples connaissances
Ragazzo	Petit ami
Amico intimo/amica intima (M/F)	Ami proche/amie proche
Ama leggere	Féru/Férue de lecture
Figlia(e)	Fille(s)
Jane e Michelle parlano a malapena	Jane et Michelle se parlent à peine
Triste	Triste
Jane e Michelle non sono più amiche	Jane et Michelle ne sont plus amies
Avete litigato?	Vous vous êtes disputé(e)s ?
Interessi	Centres d'intérêt
Invitala a casa	Invite-la à la maison
Non importa	Ce n'est pas grave

Che cosa succede?	Qu'est-ce qui se passe ?
Trasferirsi	Déménager
Ci lasciamo	Nous nous séparons
Da solo/sola (M/F)	Seul/seule
Vieni a bere qualcosa con me	Viens prendre un verre avec moi
Non voglio disturbarti	Je ne veux pas te déranger
Trascorrere del tempo insieme	Passer du temps ensemble
Victoria si ammala	Victoria tombe malade
Prendersi cura di…	Prendre soin de…
Preparano da mangiare	Préparer le repas
Tre giorni dopo	Trois jours plus tard
Guarita	Guéri(e)
Comprare	Acheter
Abiti	Robes
Scarpe	Chaussures
Pantaloni	Pantalons
Collana	Collier
Cappotto	Manteau
Giacca	Blouson
Anno scolastico	Année scolaire
Jane non passa i suoi esami	Jane échoue à ses examens
Lei deve ripetere l'anno	Elle redouble sa classe de première

Trascurare i suoi studi	Négliger ses études
Michelle aiuta Jane ad avere successo con gli studi	Michelle aide Jane à réussir dans ses études

Histoire 1: Enfance, adolescence et amitié

Jane et Michelle se connaissent depuis leur enfance. Jane est blonde et Michelle est **brune**. La mère de Jane s'appelle Mel. La mère de Michelle s'appelle Victoria. Victoria et Mel sont elles aussi amies **depuis longtemps**. Jane est la **meilleure amie** de Michelle.

Enfants, elles aiment **jouer à la marelle**, **à la dînette** et à **cache-cache**. Leurs mères les emmènent **souvent** au parc. Mel adore leur préparer des crêpes au chocolat ou **une tarte aux pommes**. Jane et Michelle aiment aussi regarder des **dessins animés**. Elles adorent regarder « Barbie » et « **Le roi lion** » ensemble.

À partir de onze ans, elles aiment beaucoup le sport. Elles adorent **faire du vélo** et jouer au basketball. Elles adorent **se raconter des secrets**. **Elles font leurs devoirs** ensemble. La **matière préférée** de Michelle est le français. La matière préférée de Jane, ce sont les sciences.

À l'école, Jane a de **mauvaises notes** en mathématiques. **Elle suit des cours particuliers. Jane et Michelle passent plus de temps à étudier qu'à s'amuser.** Michelle aide Jane à étudier. Mel et Victoria **sont fières de** leurs filles. Pour les remercier, elles partent en vacances ensemble avec leurs familles.

En classe de primaire jusqu'au **collège**, Jane et Michelle sont proches **comme les deux doigts de la main**.

Mais au lycée, les deux jeunes filles sont **moins proches**. Elles **grandissent** et **ne s'intéressent plus** aux **mêmes choses**. Michelle s'intéresse aux livres et est très **concentrée** sur ses **études**. Jane s'intéresse à **la mode**, à sa popularité au **lycée**, et aux garçons. **Au fil du temps**, elles deviennent de **simples connaissances**.

Jane a beaucoup d'amis et a une nouvelle meilleure amie : Lilly. Le **petit ami** de Jane s'appelle Lucas.

Michelle a aussi une nouvelle **amie proche**. Elle s'appelle Annie. Annie est aussi **férue de lecture** que Michelle.

Un samedi après-midi, Mel et Victoria invitent leurs **filles** à aller ensemble au cinéma. Le film est bon, mais **Jane et Michelle se parlent à peine**. Victoria est **triste**. **Jane et Michelle ne sont plus amies**.

À la maison, Victoria parle à Michelle :

- Toi et Jane, **vous vous êtes disputées** ?
- Non, pourquoi ?
- Vous ne vous parlez plus.
- Mais non, nous nous parlons.
- Mais vous n'êtes plus amies.
- Nous n'avons pas les mêmes **centres d'intérêt**.
- **Invite-la à la maison.**
- Non, merci.
- Mais pourquoi ?
- Maman, elle a ses amis maintenant. Et moi aussi, j'ai ma copine. **Ce n'est pas grave** si nous ne sommes plus amies.
- Ok, je comprends.

Un après-midi, Michelle se promène dans le parc. Elle voit Jane pleurer sur un siège.

- Bonjour Jane, **qu'est-ce qui se passe** ? Pourquoi pleures-tu ?
- Bonjour Michelle. Lucas et sa famille **déménagent** dans une autre ville. **Nous nous séparons.**
- Je suis désolée pour toi.
- Merci.
- Où sont tes amis ?
- Je ne sais pas. Ils ne sont pas là.

Jane sourit à Michelle et lui demande :

- Et toi, comment vas-tu ?

- Je vais bien, merci. Ne reste pas **seule** ici. **Viens prendre un verre avec moi.**
- Non, merci. **Je ne veux pas te déranger.**
- Tu ne me déranges pas. Je t'invite.
- Ok, d'accord. Merci Michelle. Tu es vraiment gentille.

Les deux jeunes filles vont au restaurant. Elles commandent du jus et des crêpes au chocolat. Jane raconte ses problèmes à Michelle. Lilly n'est pas vraiment l'amie de Jane. Lilly est une profiteuse.

Le soir venu, Jane se sent mieux. Elle raconte sa journée à sa mère.

Lucas part. Jane oublie sa relation avec lui. Jane et Michelle commencent à **passer du temps ensemble**. Mel et Victoria en sont contentes.

Un jour, **Victoria tombe malade**. Jane aide Michelle à **prendre soin de** Victoria. Annie rend visite à Victoria. Michelle présente son amie Annie à Jane. Jane est ravie de la rencontrer. Michelle invite Annie à manger à la maison. Annie accepte avec plaisir. Jane et Michelle **préparent le repas**. Les trois jeunes filles mangent ensemble à midi. Le repas est délicieux.

Trois jours plus tard, Victoria est **guérie**. Jane invite Michelle et Annie à faire du shopping. Annie décline l'invitation. Elle a des devoirs à finir. Michelle accepte l'invitation avec plaisir. Jane et Michelle **achètent** de nouvelles **robes**, de nouvelles **chaussures** et des **pantalons**. Elles achètent un beau **collier** pour Annie. Michelle achète un **manteau** pour sa mère. Jane achète un **blouson** pour sa mère.

Vers la fin de l'**année scolaire, Jane échoue à ses examens. Elle redouble sa classe de première.** Jane est pleine de regrets. Elle demande à Michelle de rester amie avec elle. Michelle dit à Jane qu'elle sera toujours son amie. Jane décide de ne plus **négliger ses études**.

Jane et Michelle deviennent presque inséparables. **Michelle aide Jane à réussir ses études**. Jane est contente. Michelle et Jane redeviennent proches comme avant.

Storia 2: Una grande famiglia

Lea viene da una **grande famiglia**. Ha tre **fratelli**. Suo padre si chiama George e sua madre Lydie. Il matrimonio tra George e Lydie è **combinato**.

Il loro primo figlio è **nato** un anno dopo le **nozze**. La loro **primogenita** si chiama Maria. Richard è il secondo figlio. Ha lo stesso nome del suo **bisnonno**, il nonno di suo padre. Léa è la terza. Gina è la **sorella minore** di Léa. Gina è la **più piccola** della famiglia. **Assomiglia molto a sua madre**.

Lea ha sette **cugini di primo grado** dalla parte di suo padre, quattro ragazze e tre ragazzi. Ne ha anche sette materni, cinque ragazze e due ragazzi. Léa e i suoi fratelli sono più vicini **alla famiglia della loro madre**. Leah e Gina visitano spesso la loro **zia** Jocelyne: **la sorella minore** di Lydie. La loro nonna materna è molto **gentile**. La paterna è severa. I due nonni sono già **morti**.

Luc è un amico di famiglia. È anche un **vicino di casa**. Luc è un **padre single**. Sua figlia si chiama Catherine. È **figlia unica**. Ed è anche **orfana di madre**. Léa e Catherine sono molto vicine. Leah è **quasi** come una sorella per Catherine.

Alcuni membri della famiglia di George vivono **all'estero**. Suo fratello maggiore vive in Francia. Sua moglie è francese. Due figli di **etnia mista** sono nati dalla loro unione. Ogni anno, George organizza una grande festa in cui tutta la famiglia si incontra. George è felice di vedere i suoi fratelli e sorelle, così come i suoi **nipoti**.

Dopo dieci anni di matrimonio, George e Lydie iniziano a discutere spesso. Hanno **problemi di coppia**. Lydie è **attratta da** Luke. George ha una **amante**. Il suo nome è Gisèle. Ha trent'anni. **George e Lydie non si amano più**. Il loro matrimonio è stato un errore. Stanno divorziando. I loro figli sono **arrabbiati**. Ma questa è la migliore decisione possibile.

George lascia la casa. Si trasferisce da Gisèle. Gina **piange**. Lydie le spiega che suo padre non vive più con loro, ma ama ancora Gina e i suoi fratelli. Lea **rasserena** la sua sorellina. **Richard la prende tra le braccia**. George rimane in buoni rapporti con la sua **ex moglie**. **Lydie inizia una relazione romantica con Luke**.

Sei mesi dopo, George si risposa. Invita Lydie, Luc e i bambini al suo matrimonio. Lydie però non vuole venire. Gina e Luc restano a casa con Lydie. Maria, Richard e Léa partecipano al matrimonio.

Lydie e Luc iniziano una **convivenza** assieme ai loro figli. Lea è felice di vivere con Catherine. E poi, adora Luc. È come un secondo padre per lei. La vecchia casa di Luc e Catherine è **in affitto**.

I nuovi **inquilini** sono una vecchia coppia di **pensionati**: Christophe e Christine Wilson. Sono soli. I loro figli e **nipoti** vivono tutti all'estero da anni. Maria prepara una bella **torta** per accogliere Christophe e Christine. Quest'ultima la ringrazia **calorosamente**. Invita quindi Maria e tutti gli altri bambini ad assaggiare la torta con suo **marito**. Maria chiama Richard, Leah, Gina e Catherine per mangiare la torta dai Wilson. Maria li presenta ai nuovi vicini.

Gisèle rimane incinta. Nove mesi dopo, **partorisce il suo primo figlio**. Lo chiama Lionel. La sua sorellina più piccola nasce dopo **un anno e mezzo**. Si chiama Prisca. È bionda come sua madre.

Il tempo passa. I bimbi crescono. I più grandicelli diventano giovani adulti, e i più piccoli adolescenti. Leah va d'accordo col suo **fratellastro** e la sua sorellastra. Assieme a Gina, li invita a mangiare le pizze insieme. Leah e Gina li conoscono meglio. Presto, tra loro nascerà un'amicizia.

Nel frattempo, nascono dei **sentimenti** tra Richard e Catherine. **Si innamorano**. Ma **sono spaventati** della reazione di Luc e Lydie. Nascondono la loro relazione a tutti, **tranne che** a Léa. Casualmente, però, Luc e Lydia **scoprono** il rapporto tra i due **piccioncini**. I loro genitori approvano la relazione.

Un anno dopo, **Richard chiede a Catherine di sposarlo**. Catherine **salta** tra le braccia di Richard e accetta. Richard e Catherine organizzano il loro **fidanzamento**. Lea è felice. La sua migliore amica diventa sua **cognata**. Leah aiuta suo fratello a scegliere un **anello di**

fidanzamento per Catherine. Durante la festa di fidanzamento, George invita la sua **cognata** a ballare. Suo **nipote** nasce dodici mesi dopo. Il suo nome è Peter. Peter ha gli occhi di sua madre Catherine.

Dopo un po', è il turno di Maria di sposarsi. Suo marito è un **uomo affascinante**, alto e ricco. Il suo nome è John Jackson. Sfortunatamente, la coppia non può avere figli. La madre di John è **irritata** dalla situazione. Il suo unico figlio deve avere un **erede. Maria subisce molte pressioni** dai suoi **suoceri.** Si **domanda** se dovrebbe lasciare John. Lui le dice di non pensarci mai. È sua moglie e la ama. Dovranno **affrontare il loro problema** insieme. Per risolverlo, John e Maria adottano un figlio. Tre anni dopo, accade un miracolo. Maria alla fine rimane incinta. Dà alla luce una splendida bimba: Lucia.

Vocabulaire

Una grande famiglia	Une famille nombreuse
Fratelli	Frères et sœurs
Un matrimonio combinato	Un mariage arrangé
Nato	Né(e)
Nozze	Mariage
Primogenita	Fille aînée
Bisnonno	Arrière-grand-père
Sorella minore	Sœur cadette
Più piccola	Benjamin/benjamine
(Lei) assomiglia molto a sua madre	Elle ressemble beaucoup à sa mère
Cugino(i) di primo grado	Cousin(s) germain(s)
La famiglia della loro madre	La famille du côté de leur mère
Zia	Tante
La sorella minore	La petite sœur
Gentile (M/F)	Gentil/gentille
Morto(i)	Mort(s)
Un vicino di casa	Un voisin
Padre single	Père célibataire
Figlio unico	Enfant unique
Orfana di madre	Orphelin/Orpheline de mère
Quasi	Presque
All'estero	À l'étranger
Etnia mista	Métis
Nipote(i)	Neveu(x)
Problemi di coppia	Problèmes conjugaux
Attratta da	Attiré(e) par
Amante	Maîtresse
George e Lydie non si amano più	George et Lydie ne s'aiment plus
Arrabbiato(i)	Bouleversé(s)
Piangere	Pleurer
Rasserenare	Réconforter

Richard la prende tra le braccia	Richard la prend dans ses bras
Ex moglie	Ex-femme
Lydie inizia una relazione romantica con Luke	Lydie commence une relation amoureuse avec Luc
Convivenza	Concubinage
In affitto	En location
Inquilino(i)	Locataire(s)
Pensionato(i)	Retraité(s)
Nipoti	Petits-enfants
Torta	Gâteau
Calorosamente	Chaleureusement
Assaggiare	Déguster
Marito	Mari
Gisèle rimane incinta	Gisèle tombe enceinte
Gisèle partorisce il suo primo figlio	Elle met au monde son premier enfant
Un anno e mezzo	Un an et demi
Il tempo passa	Le temps passe
Fratellastro	Demi-frère
Nel frattempo	Entre-temps
Sentimenti	Sentiments
Si innamorano	Ils tombent amoureux
Sono spaventati	Ils ont peur
Tranne che	Sauf
Scoprono	Découvrir
Piccioncini	Tourtereaux
Richard chiede a Catherine di sposarlo	Richard demande Catherine en mariage
Saltare (salta)	Sauter
Fidanzamento	Fiançailles
Anello di fidanzamento	Bague de fiançailles
Nuora	Belle-fille
Cognata	Belle-sœur

Nipote	Petit-fils
Uomo affascinante	Bel homme
Seccato/a	Contrarié(e)
Erede	Héritier
Maria subisce molte pressioni	Maria subit beaucoup de pression
Suoceri	Belle-famille
Domandarsi	Se demander
Affrontare il loro problema	Faire face à leur problème

Histoire 2: Une famille nombreuse

Léa vient d'une famille nombreuse. Elle a trois **frères et sœurs**. Son père s'appelle George. Sa mère s'appelle Lydie. Le mariage de George et Lydie est **un mariage arrangé**.

Leur premier enfant **naît** un an après leur **mariage**. Leur **aînée** s'appelle Maria. Richard est le second enfant. Il a le même prénom que son **arrière-grand-père**, le père de son papa. Léa est la troisième enfant de ses parents. Gina est la **sœur cadette** de Léa. Gina est la **benjamine** de la famille. **Elle ressemble beaucoup à sa mère.**

Léa a quatre cousines germaines et trois **cousins germains** du côté de son père. Et elle a cinq cousines germaines et deux cousins germains du côté de sa mère. Léa et ses frères et sœurs sont proches de **la famille du côté de leur mère**. Léa et Gina rendent souvent visite à leur **tante** Jocelyne, **la petite sœur** de Lydie. Leur grand-mère maternelle est très **gentille**. Leur grand-mère paternelle est sévère. Leurs grands-pères sont tous deux déjà **morts**.

Luc est un ami de la famille. Et il est aussi un **voisin**. Luc est **père célibataire**. Sa fille s'appelle Catherine. Catherine est **fille unique**. Et elle est **orpheline de mère**. Léa et Catherine sont très proches. Léa est **presque** comme une sœur pour Catherine.

Quelques membres de la famille de George habitent **à l'étranger**. Le grand frère de George vit en France. Sa femme est française. Deux enfants **métis** sont nés de leur union. Tous les ans, George organise une grande fête où toute la famille se réunit. George est content de voir ses frères et sœurs, ainsi que ses **neveux** et nièces.

Après dix ans de mariage, George et Lydie commencent à se disputer fréquemment. Ils ont des **problèmes conjugaux**. Lydie **est attirée** par Luc. George a une **maîtresse**. Elle s'appelle Gisèle. Elle a trente ans. **George et Lydie ne s'aiment plus.** Leur mariage est une erreur. Ils divorcent. Leurs enfants sont **bouleversés**. Mais c'est la meilleure décision à prendre.

George quitte la maison. Il déménage chez Gisèle. Gina **pleure**. Lydie lui explique que son père n'habite plus avec eux. Mais qu'il aime toujours Gina et ses frères et sœurs. Léa **réconforte** sa petite sœur. **Richard la prend dans ses bras**. George reste en bons termes avec son **ex-femme**. **Lydie commence une relation amoureuse avec Luc**.

Six mois plus tard, George se remarie. Il invite Lydie, Luc et les enfants à son mariage. Mais Lydie n'a pas envie d'y aller. Gina et Luc restent à la maison avec Lydie. Maria, Richard et Léa assistent au mariage.

Lydie et Luc vivent en **concubinage** avec leurs enfants. Léa est ravie de vivre avec Catherine. De plus, Léa adore Luc. Il est comme un second père pour elle. L'ancienne maison de Luc et de Catherine est **en location**.

Les nouveaux **locataires** sont un vieux couple de **retraités** : Christophe et Christine Wilson. Ils sont seuls. Leurs enfants et **petits-enfants** vivent tous à l'étranger depuis des années. Pour souhaiter la bienvenue à Christophe et à Christine, Maria leur prépare un délicieux **gâteau**. Christine la remercie **chaleureusement**. Elle invite Maria et tous les autres enfants à **déguster** le gâteau avec son **mari**. Maria appelle Richard, Léa, Gina et Catherine pour manger du gâteau chez les Wilson. Maria les présente aux nouveaux voisins.

Gisèle tombe enceinte. Neuf mois plus tard, **elle met au monde son premier enfant**. Il s'appelle Lionel. La petite sœur de Lionel naît **un an et demi** après. Son nom est Prisca. Elle est blonde, comme sa mère.

Le temps passe. Les enfants grandissent. Les aînés deviennent de jeunes adultes et les cadets deviennent des adolescents. Léa s'entend assez bien avec son **demi-frère** et sa demi-sœur. Avec Gina, elle les invite à manger des pizzas ensemble. Léa et Gina apprennent à mieux les connaître. Bientôt, une amitié naît entre eux.

Entre-temps, des **sentiments** naissent entre Richard et Catherine. **Ils tombent amoureux**. Mais **ils ont peur** de la réaction de Luc et de Lydie. Ils cachent donc leur relation à tout le monde, **sauf** à Léa. Mais tôt ou tard, Luc et Lydie **découvrent** la relation des deux **tourtereaux**. Leurs parents approuvent leur relation.

Un an plus tard, **Richard demande Catherine en mariage**. Catherine **saute** dans les bras de Richard et accepte sa demande. Richard et Catherine organisent leurs **fiançailles**. Léa est heureuse. Sa meilleure amie devient sa **belle-sœur**. Léa aide son frère à choisir une **bague de fiançailles** pour Catherine. Pendant la fête des fiançailles, George invite sa **belle-fille** à danser. Son **petit-fils** naît douze mois plus tard. Il se nomme Peter. Peter a les yeux de sa mère Catherine.

Après quelques temps, c'est au tour de Maria de se marier. Son mari est un grand et riche **bel homme.** Il s'appelle John Jackson. Malheureusement, le couple ne peut pas avoir d'enfant. La mère de John est **contrariée** par la situation. Son fils unique doit avoir un **héritier. Maria subit beaucoup de pression** de sa **belle-famille.** Elle **se demande** si elle doit se séparer de John. John lui dit de ne jamais penser à cela. Elle est sa femme et il l'aime. Ils doivent **faire face à leur problème** ensemble. Pour résoudre leur problème, John et Maria adoptent un fils. Et trois ans plus tard, un miracle se produit. Maria finit par tomber enceinte. Elle donne naissance à une jolie petite fille, Lucia.

Storia 3: Una passione per la musica

Cantare è il **passatempo** preferito di Christian. Sua madre si chiama Jeanne e suo padre Alain. Tra i due e i quattro anni di età, a Christian piace molto **ascoltare** le **filastrocche**. Gli piace **canticchiarle**. A cinque anni, Christian sa **leggere**. Gli piace **cantare al karaoke**.

A nove anni, partecipa a **una gara di canto** per bambini. Christian ha molto talento. I membri della giuria sono impressionati. Christian è **tra** i finalisti della competizione. **Il vincitore del concorso** è un ragazzo di dodici anni. **Christian vince il secondo premio**. Ottiene **una console di gioco**, una bicicletta, dei **soldi** e **una vacanza all'estero**. Vince anche un biglietto per Disneyland.

Alain e Jeanne sono molto orgogliosi del loro bambino. Si **congratulano con lui** e **lo baciano**.

Alain e Jeanne organizzano un grande **festa** per il decimo compleanno di Christian. Invitano tutta la famiglia e alcuni **compagni di classe**. Alle quattro, **Christian esprime un desiderio**. Poi **soffia le candeline** sulla torta di compleanno. **Tutti** applaudono. Gli ospiti offrono dei **regali** a Christian.

Alle sei, la festa finisce. Le persone vanno a casa. I genitori di Christian li ringraziano. **Christian scarta i suoi regali**. Christian **riceve** scarpe, **abiti** e **giocattoli** nuovi. I suoi genitori gli prendono i **pattini**.

Per cena, Jeanne gli prepara il suo **piatto preferito**. Alle otto cenano. Mangiano maccheroni al **formaggio**.

Christian vede una vecchia chitarra **nel guardaroba. Christian impara da solo a suonare la chitarra**. Sua madre lo **nota**. Gli compra una nuova chitarra. **Lei cerca** una scuola di musica per suo **figlio**. Christian inizia a prendere **lezioni di chitarra**.

A undici anni, Christian canta ad una festa nella sua scuola. Un **insegnante di canto** lo nota. **Saluta Christian** e i suoi genitori. Quindi si presenta. Insegna canto da venticinque anni. Christian ha una bella voce. Cyril desidera insegnargli a cantare. Jeanne e Alain accettano la proposta. È una grande opportunità. Christian incontra un'altra studentessa di Cyril. Il suo nome è Anna. Anna suona il piano. **Christian e Anna hanno la stessa età. Diventano amici**.

A dodici anni, Christian inizia la prima media. In questa scuola prende dei cattivi voti. Christian è troppo concentrato sulla musica e il canto. Suo padre gli chiede di concentrarsi sugli studi. Christian **lascia** la musica. Ottiene voti migliori a scuola.

A sedici anni, Christian inizia le superiori. Impara a **gestire il suo tempo** tra **hobby** e studi. Continua con la musica e il canto. Al liceo, Christian incontra altri giovani. Fanno anche loro musica. Ken suona la chitarra. E Nick la batteria. **Christian va molto d'accordo con Nick e Ken**. Nick invita Christian e Ken a suonare insieme. Ha uno studio a casa. **Lui ha** la **batteria**, una chitarra acustica e un sintetizzatore. Christian invita Anna a suonare con loro.

Sabato mattina, Christian, Ken e Anna vanno a casa di Nick. Nick presenta i suoi nuovi amici ai suoi genitori. Il padre di Nick è un ex **batterista**. Sua madre è una ex **corista**. Sua **sorella maggiore** suona il **violino**. Nick viene da una famiglia di artisti.

I quattro giovani entrano nello studio. Tutti suonano il loro strumento musicale. Suonano **canzoni famose**. Christian e Anna cantano **contemporaneamente**. La mamma di Nick offre del **succo di frutta** a tutti. I quattro giovani diventano inseparabili. L'amore per la musica li unisce.

Alcuni mesi dopo, Cyril li chiama ad animare una festa. Christian, Anna, Nick e Ken sono entusiasti. Ma **hanno paura del palcoscenico. Anna arrossisce**. Ken è **sudato**. Nick ha **mal di stomaco. Le mani di Christian tremano**. Lui e i suoi amici suonano **su un palco** per la prima volta. I loro genitori e famiglie sono tutti presenti.

Alla fine, **va tutto bene.** Il **sistema sonoro** è impeccabile. I **cantanti** cantano bene. La scaletta delle canzoni è ben scelta. Tutti i presenti sono soddisfatti. Il gruppo riceve le congratulazioni del pubblico. Cyril è felice della loro **prestazione**. Gli dà la loro **paga**.

Scende la notte. Christian ha una fame da lupo. Alain desidera **festeggiare** questo primo **successo**. Quindi invita i quattro musicisti al ristorante. Chiama anche Cyril.

Il tempo passa. Christian e i suoi amici finiscono il liceo. Anna lascia il paese. Continua a studiare all'estero. **I suoi studi durano diversi anni**. Christian è **molto triste. Il suo cuore è spezzato.**

Christian si sveglia nel cuore della notte. È ispirato dalla partenza della sua amica. Prende carta e **penna**. Scrive il **testo** di una canzone. Poi Christian prende la sua chitarra. Compone la melodia della canzone. È un brano malinconico. La prima **strofa racconta** un amore impossibile. La seconda parla della separazione. Il **ritornello descrive** i sentimenti del cantante.

Il giorno successivo, Christian canta la sua canzone con la chitarra. Ken, Nick, Cyril, Jeanne e Alain lo ascoltano. **I genitori di Christian sono toccati dalla canzone**. È davvero **commovente**. Ed è una bellissima dichiarazione d'amore. Ken e Nick adorano la canzone.

I tre giovani iniziano la loro carriera professionale nella musica. Reclutano una pianista. Il suo nome è June. June è la nipote di Cyril. Christian, Nick, Ken e June creano la loro band. La chiamano "Ong'Stu". Poi **registrano** la **canzone** di Christian. Il **titolo del brano** è "Per te". Un mese dopo, **viene rilasciato il loro primo singolo.** In pochi giorni, la canzone diventa una **hit**. Christian dedica la canzone ad Anna. Anna si commuove. Lei ringrazia Christian.

Cyril compone tre canzoni per la band Ong'Stu. Anche Christian e June compongono altre canzoni. Alain e Cyril li aiutano.

Dopo sei mesi, Christian, June, Nick e Ken pubblicano il loro primo album. Sei settimane dopo, fanno il loro primo concerto. **I fan riempiono l'auditorium**. Conoscono le canzoni **a memoria**. Lo spettacolo dura un'ora e mezza.

Christian pensa ad Anna. **Il suo sogno diventa realtà.**

Vocabulaire

Cantare	Chant
Passatempo, hobby	Passe-temps
Ascoltare	Écouter
Filastrocca(che)	Comptine(s)
Canticchiare	Fredonner
Leggere	Lire
Cantare al karaoke	Faire du karaoké
Una gara di canto	Un concours de chant
Tra	Parmi
Il vincitore del concorso	Le gagnant du concours
Christian vince il secondo premio	Christian remporte le deuxième prix
Prende lezioni di musica	Il prend des cours de musique
Una console da gioco	Une console de jeu
Soldi	Argent
Vacanze all'estero	Vacances à l'étranger
Congratularsi	Féliciter
Baciano	Embrasser
Festa	Fête
Compagno(a/i) di classe	Camarade(s) de classe
Esprimere un desiderio (Christian esprime un desiderio)	Faire un vœu (Christian fait un vœu)
Soffiare le candeline (lui soffia le candeline)	Souffler les bougies (il souffle les bougies)
Tutti	Tout le monde
Regalo(i)	Cadeau(x)
Scartare i suoi regali (Christian scarta i suoi regali)	Déballer ses cadeaux (Christian déballe ses cadeaux)
Ricevere	Obtenir
Abiti	Vêtements
Giocattoli	Jouets

Pattini	Patins à roulettes
Piatto preferito	Plat préféré
Formaggio	Fromage
Guardaroba	Le débarras
Christian impara da solo a suonare la chitarra	Christian apprend tout seul à jouer de la guitare
Notare (sua madre lo nota)	Remarquer (sa mère le remarque)
Cercare (lei cerca ...)	Chercher (elle cherche…)
Figlio	Fils
Lezioni di chitarra	Cours de guitare
Insegnante di canto	Professeur de chant
Christian e Anna hanno la stessa età	Christian et Anna ont le même âge
Diventano amici	Ils se lient d'amitié
Salutare (saluta Christian)	Saluer (Il salue Christian)
Lasciare (Christian lascia la musica)	Délaisser (Christian délaisse la musique)
Gestire il tempo	Gérer son temps
Hobby	Loisirs
Andare d'accordo ... (Christian va molto d'accordo con Nick e Ken)	Sympathiser avec… (Christian sympathise avec Nick et Ken)
Avere (Lui ha)	Posséder (il possède)
Batteria	Batterie
Batterista	Batteur
Sorella maggiore	Grande sœur
Corista, seconda voce	Choriste
Violino	Violon
Canzoni conosciute, canzoni famose	Chansons connues
Contemporaneamente	En même temps
Succo	Jus
Hanno paura del palcoscenico	Ils ont le trac
Arrossire (Anna arrossisce)	Rougir (Anna rougit)

Sudato	En sueur
Stomaco	Estomac
Mano(i)	Main(s)
Tremare (le mani di Christian tremano)	Trembler (les mains de Christian tremblent)
Sul palco	Jouer sur scène
Sistema sonoro	Sonorisation
Cantante(i)	Chanteur(s)
Prestazione	Prestation
Paga	Rémunération
Scende la notte	La nuit tombe
Christian ha una fame da lupo	Christian a une faim de loup
Festeggiare	Fêter
Successo	Réussite
I suoi studi durano diversi anni	Ses études durent plusieurs années
Molto triste	Très triste
Va tutto bene	Tout se passe bien
Il suo cuore è spezzato	Il a le cœur brisé
Christian si sveglia nel cuore della notte	Christian se réveille au beau milieu de la nuit
Penna	Stylo
Testo	Paroles
Strofa	Couplet
Racconta	Raconter
Ritornello	Refrain
Descrivere (il ritornello descrive ...)	Décrire (le refrain décrit…)
Il giorno successivo	Le lendemain
I genitori di Christian sono toccati dalla canzone	Les parents de Christian sont émus par la chanson
Commovente	Poignant(e)
Registrano la canzone	Ils enregistrent la chanson
Titolo del brano	Titre de la chanson

Viene rilasciato il loro primo singolo	Ils sortent leur premier single
Hit	Chanson à succès
Riempire (I fan riempiono l'auditorium)	Remplir (Les fans remplissent la salle de spectacle)
A memoria	Par cœur
Il suo sogno diventa realtà	Son rêve se réalise

Histoire 3: Une passion pour la musique

Le **chant** est le **passe-temps** préféré de Christian. Sa mère s'appelle Jeanne. Son père s'appelle Alain. Entre deux et quatre ans, Christian adore **écouter** des **comptines**. Il aime les **fredonner**. À cinq ans, Christian sait déjà **lire**. Il aime **faire du karaoké**.

À neuf ans, il participe à **un concours de chant** pour enfants. Christian a beaucoup de talent. Les membres du jury en sont impressionnés. Christian est **parmi** les finalistes de la compétition. **Le gagnant du concours** est un jeune garçon de douze ans. **Christian remporte le deuxième prix**. Il obtient **une console de jeu**, une bicyclette, de l'**argent** et des **vacances à l'étranger**. Il gagne aussi un billet pour Disneyland.

Alain et Jeanne sont très fiers de leur enfant. Ils le **félicitent** et l'**embrassent**.

Alain et Jeanne organisent une grosse **fête** pour le dixième anniversaire de Christian. On y invite toute la famille et quelques **camarades de classe**. À seize heures, **Christian fait un vœu**. Puis, **il souffle les bougies** sur le gâteau d'anniversaire. **Tout le monde** applaudit. Les invités offrent des **cadeaux** à Christian.

À dix-huit heures, la fête se termine. Les gens rentrent chez eux. Les parents de Christian les remercient. **Christian déballe ses cadeaux**. Il **reçoit** de nouvelles chaussures, de nouveaux **vêtements** et de nouveaux **jouets**. Ses parents lui offrent des **patins à roulettes**.

Pour le dîner, Jeanne lui prépare son **plat préféré**. À vingt heures, ils dînent. Ils mangent des macaronis au **fromage**.

Christian voit une vieille guitare dans **le débarras. Il apprend tout seul à jouer de la guitare. Sa mère le remarque**. Elle lui achète une nouvelle guitare. **Elle cherche** une école de musique pour son **fils**. Christian commence des **cours de guitare**.

À onze ans, Christian chante pendant une fête de son école. Un **professeur de chant** le remarque. **Il salue Christian** et ses parents.

Puis, il se présente. Il est professeur de chant depuis vingt-cinq ans. Christian a une belle voix. Cyril souhaite lui apprendre à chanter. Jeanne et Alain acceptent la proposition. C'est une belle opportunité. Christian rencontre une autre élève de Cyril. Elle s'appelle Anna. Anna joue du piano. **Christian et Anna ont le même âge. Ils se lient d'amitié.**

À douze ans, Christian entre en classe de sixième. Au collège, il obtient de mauvaises notes. Christian est trop concentré sur la musique et le chant. Son père lui demande de se concentrer sur les études. Christian **délaisse** la musique. Il obtient de meilleures notes à l'école.

À seize ans, Christian entre au lycée. Il apprend à **gérer son temps** pour les **loisirs** et les études. Il continue la musique et le chant. Au lycée, Christian rencontre d'autres jeunes. Ils font aussi de la musique. Ken joue de la guitare. Et Nick joue de la batterie. **Christian sympathise avec Nick et Ken.** Nick invite Christian et Ken à jouer de la musique ensemble. Il a un studio chez lui. **Il possède** une **batterie**, une guitare acoustique et un synthétiseur. Christian invite Anna à jouer avec eux.

Le samedi matin, Christian, Ken et Anna vont chez Nick. Nick présente ses nouveaux amis à ses parents. Le père de Nick est un ancien **batteur**. Sa mère est une ancienne **choriste**. Sa **grande sœur** joue du **violon**. Nick vient d'une famille d'artistes.

Les quatre jeunes gens entrent dans le studio. Chacun joue son instrument de musique. Ils jouent des **chansons connues**. Christian et Anna chantent en même temps. La mère de Nick offre des **jus** à tout le monde. Les quatre jeunes gens deviennent inséparables. L'amour de la musique les unit.

Quelques mois plus tard, Cyril les appelle pour animer une fête. Christian, Anna, Nick et Ken sont excités. Mais **ils ont le trac. Anna rougit.** Ken est **en sueur.** Nick a mal au ventre. **Les mains de Christian tremblent.** Lui et ses amis **jouent sur scène** pour la première fois. Leurs parents et leur famille sont tous présents.

Finalement, **tout se passe bien**. La **sonorisation** est impeccable. Les **chanteurs** chantent bien. La liste des chansons est bien choisie. Toutes les personnes présentes sont contentes. Le groupe reçoit les applaudissements du public. Cyril est content de leur **prestation**. Il leur donne leur **rémunération**.

La nuit tombe. Christian a une faim de loup. Alain veut **fêter** cette première **réussite**. Il invite les quatre musiciens au restaurant. Il invite Cyril aussi.

Le temps passe. Christian et ses amis finissent le lycée. Anna quitte le pays. Elle continue ses études à l'étranger. **Ses études durent plusieurs années**. Christian est **très triste. Il a le cœur brisé.**

Christian se réveille au beau milieu de la nuit. Il est inspiré par le départ de son amie. Il prend un papier et un **stylo**. Il écrit les **paroles** d'une chanson. Puis, Christian prend sa guitare. Il compose la mélodie de la chanson. C'est une chanson mélancolique. Le premier **couplet raconte** un amour impossible. Le deuxième couplet raconte la séparation. Le **refrain décrit** les sentiments du chanteur.

Le lendemain, Christian chante sa chanson avec sa guitare. Ken, Nick, Cyril, Jeanne et Alain l'écoutent. **Les parents de Christian sont émus par la chanson**. C'est une chanson très **poignante**. Et c'est une belle déclaration d'amour. Ken et Nick adorent la chanson.

Les trois jeunes garçons commencent leur carrière professionnelle dans la musique. Ils recrutent une nouvelle pianiste. Elle s'appelle June. June est la nièce de Cyril. Christian, Nick, Ken et June créent leur groupe de musique. Ils le nomment « Ong'Stu ». Puis, **ils enregistrent la chanson** de Christian. Le **titre de la chanson** est « Pour toi ». Un mois plus tard, **ils sortent leur premier single.** En quelques jours, la chanson devient une **chanson à succès**. Christian dédie la chanson à Anna. Anna en est émue. Elle remercie Christian.

Cyril compose trois chansons pour le groupe Ong'Stu. Christian et June aussi, composent d'autres chansons. Alain et Cyril les aident.

Six mois plus tard, Christian, June, Nick et Ken sortent leur premier album de chansons. Six semaines après, ils ont leur premier concert. **Les fans remplissent la salle de spectacle**. Les fans connaissent les chansons **par cœur**. Le spectacle dure une heure et demie.

Christian pense à Anna. **Son rêve se réalise**.

Storia 4: Vita di una famiglia normale

Aline ha tredici anni. È una **studentessa**. Ama scrivere. Sua madre le regala un **diario**. Lì ci scrive i suoi **pensieri**. **Lo conserva** in un **cassetto**.

Dal lunedì al venerdì, **Aline si sveglia** alle sei e mezza ogni mattina. **Fa una doccia**. Di mercoledì, **si lava i capelli**. **Si pulisce le orecchie**. **Si lava i denti**. Si taglia le **unghie**. Lascia il **bagno** alle sei e quarantacinque. **Si asciuga** con un **asciugamano**. **Si veste e si mette le scarpe**. **Si spazzola i capelli**. Prende il suo **zaino**. Quindi la lascia **camera da letto**.

Alle sette si reca nella **sala da pranzo**. **Fa colazione** con suo padre. Alle sette e un quarto, lascia la casa. Si reca alla **fermata dell'autobus**. Prende l'autobus. Alle sette e quarantacinque arriva a scuola.

La campanella suona alle sette e cinquanta. Gli studenti vanno nelle loro **aule**. Tutti **si siedono** al proprio posto. Le lezioni iniziano. La ricreazione è alle nove e quarantacinque. Le lezioni continuano fino alle dieci. Al mattino le lezioni terminano a mezzogiorno.

Aline si reca in **caffetteria**. Lì consuma il suo **pranzo** con due amiche. Dopodiché, va alla biblioteca della scuola. Prende un posto. Legge, scrive o **fa i suoi compiti**. Qualche volta **si addormenta**.

Nel **pomeriggio**, le lezioni iniziano alle 13:30. Finiscono alle cinque. Aline prende l'autobus. Arriva a casa alle diciotto. **Lascia** la borsa nella sua stanza. Scende e fa uno **spuntino**. Si prende una pausa fino all'arrivo di sua madre.

La famiglia cena intorno alle otto. Poi Aline si toglie le scarpe, **si spoglia** e si lava. Lascia il suo bucato sporco nel **cestino della biancheria**. Si mette il pigiama. Poi **ripassa** le sue lezioni e fa i compiti. Racconta la sua giornata nel suo diario. Verso le 21, va a letto. Legge e si addormenta.

Di sabato, Aline si sveglia alle nove e mezza. È una studentessa diligente. Il sabato mattina termina i compiti **incompleti del giorno prima**. Quindi studia o ripassa le sue lezioni.

Sabato pomeriggio, Aline segue delle lezioni di danza classica. La accompagna lì sua madre. Poi **passa a prendere Aline** alle quattro.

Domenica, Aline svolge alcune attività con la sua famiglia. Stanno a casa o escono.

La sorella maggiore di Aline è Leslie. Ha venticinque anni. È una **giovane laureata**. **Leslie è disoccupata**. Vive con i suoi genitori. Ama **trascorrere il tempo** con i suoi amici. Le piace **spettegolare** assieme ad un'amica. Anche lei ama il **trucco**.

Ogni mattina Leslie si sveglia alle dieci. Si prepara e esce di casa. **Chiude la porta a chiave**. Si reca al garage di casa. Lì indossa **casco per la motocicletta**. **La mette in moto** e se ne va.

Leslie ha un lavoro temporaneo. È una **cameriera** in un piccolo ristorante. **Lavora part-time**. Alle dieci e venti, arriva al ristorante. Prende un caffè e mangia **pane e burro**. Quindi indossa la sua **uniforme da cameriera**. Inizia quindi a lavorare.

Quentin è un **cliente abituale** del ristorante. **Sta facendo la corte a Leslie**. Ogni giorno, Quentin dà a Leslie una **generosa mancia**. La ragazza si sente a **disagio**.

All'una fa una pausa di quindici minuti. **Fa uno spuntino** e continua i suoi servizi. **Leslie non mangia molto**. Ha paura di **ingrassare**. È **tutta pelle e ossa**.

Alle sei Leslie finisce il suo turno. Alle sei e mezza, si riunisce con le sue amiche in un bar.

Il venerdì sera, Leslie e le sue amiche vanno in **discoteca**. Torna all'una del mattino. A volte dorme a casa sua una sua amica. Il sabato mattina, Leslie è **esausta**. **Dorme fino a tardi**. Leslie si sveglia verso mezzogiorno. Pranza. Nel pomeriggio, guarda le telenovele o va al cinema con le sue amiche.

Il nome della madre di Leslie e Aline è Stephy. È un'**insegnante** di scuola elementare. Stephy ama i bambini e il suo lavoro. Ogni sera prepara le lezioni per il giorno successivo. Dopo gli esami, a volte, **rimane in piedi fino a tardi. Corregge i compiti in classe dei suoi studenti**. Stephy conosce tutti i loro nomi. Il mercoledì pomeriggio **non c'è scuola**. Così **lei ha del tempo libero**.

Il marito di Stephy si chiama Rob. **Lavora in campo informatica.** Rob è uno sviluppatore. Lavora in un ufficio. È **sempre** seduto di fronte a un **computer**. **Digita** linee di codice sulla **tastiera**. Rob è anche responsabile della manutenzione dei computer sul posto di lavoro. Lui è un **manager informatico. Rob fa molte ore di straordinari.** Aline ritiene che **lui lavori troppo.** Aline teme che suo padre **si stia sovraccaricando**.

Vocabulaire

Studentessa	Collégienne
Diario	Journal intime
Pensieri	Pensée(s)
Conservare (lo conserva)	Ranger (elle le range)
Cassetto	Tiroir
Svegliarsi (Aline si sveglia)	Se réveiller (Aline se réveille)
Fare la doccia (fa la doccia)	Prendre une douche (elle prend une douche)
Si lava i capelli	Elle lave ses cheveux
Si pulisce le orecchie	Elle nettoie ses oreilles
Lei si lava i denti	Elle brosse ses dents
Unghie	Ongles
Bagno	Salle de bain
Asciugare (si asciuga)	Se sécher (elle se sèche)
Asciugamano	Serviette de bain
Si veste e si mette le scarpe	Elle s'habille et met ses chaussures
Lei si pettina i capelli	Elle peigne ses cheveux
Zaino	Cartable
Camera da letto	Chambre
Sala da pranzo	Salle à manger
Fare colazione (fa colazione)	Prendre le petit déjeuner (elle prend le petit déjeuner)
Fermata dell'autobus	Arrêt de bus
La campanella suona	La sonnerie retentit
Aula	Salle de classe
Siediti	S'asseoir
Caffetteria	Cantine
Pranzo	Déjeuner
Fare i suoi compiti (lei fa i compiti)	Faire ses devoirs (elle fait ses devoirs)
Si addormenta	Elle s'endort
Pomeriggio	Après-midi

Lascia	Poser
Spuntino	Goûter
Cestino della biancheria	Bac à linge
Spogliarsi (si spoglia)	Se déshabiller (elle se déshabille)
Ripassare (ripassa)	Apprendre (elle apprend)
Incompleto	Inachevé(s)
Il giorno prima/la sera prima/la sera prima	La veille
Passa a prendere Aline	Elle passe prendre Annie
Giovane laureato/a	Jeune diplômé(e)
Leslie è disoccupata	Leslie est au chômage
Trascorrere il tempo	Passer du temps
Spettegolare con	Bavarder avec
Trucco	Maquillage
Chiude la porta a chiave	Elle ferme la porte à clé
Casco per la moto	Casque de moto
La mette in moto	Elle démarre la moto
Cameriera	Serveuse
Lavora part-time	Elle travaille à mi temps
Pane e burro	Pain beurré
Uniforme da cameriere	Tenue de serveuse
Cliente abituale	Client habitué
Fa la corte a Leslie	Il fait la cour à Leslie
Suggerimento generoso	Généreux pourboire
A disagio	Gêné(e)
Per fare uno spuntino (lei fa uno spuntino)	Prendre un encas (elle prend un encas)
Leslie non mangia molto	Leslie ne mange pas beaucoup
Ingrassare	Grossir
è tutta pelle e ossa	Elle n'a que la peau sur les os
Discoteca	Boîte de nuit
Esausta	Épuisé(e)
Lei dorme fino a tardi	Elle fait la grasse matinée

Insegnante	Enseignante
Rimane in piedi fino a tardi	Veiller tard
Corregge i compiti in classe dei suoi studenti	Elle corrige les copies d'examen de ses élèves
Non c'è scuola	Il n'y a pas école
Lei ha del tempo libero	Elle a du temps libre
Rob lavora in campo informatico	Rob travaille dans l'informatique
Sempre	Tout le temps
Computer	Ordinateur
Digitare (digita...)	Taper (il tape…)
Tastiera	Clavier
Manager informatico	Responsable informatique
Rob fa molte ore di straordinari	Rob fait beaucoup d'heures supplémentaires
Lui lavori troppo	Il travaille trop
Sovraccaricarsi (Peter si sta sovraccaricando)	Se surmener (son père se surmène)

Histoire 4: La vie d'une famille ordinaire

Aline a treize ans. Elle est **collégienne**. Elle adore écrire. Sa mère lui offre un **journal intime**. Elle écrit ses **pensées** dans ce journal. **Elle le range** dans son **tiroir**.

Du lundi au vendredi, **Aline se réveille** à six heures trente, tous les matins. **Elle prend une douche.** Le mercredi, **elle lave ses cheveux. Elle nettoie ses oreilles. Elle se brosse les dents.** Elle coupe ses **ongles.** Elle sort de la **salle de bain** à six heures quarante-cinq minutes. **Elle se sèche** avec une **serviette. Elle s'habille et met ses chaussures. Elle peigne ses cheveux.** Elle prend son **cartable.** Puis, elle sort de sa **chambre**.

À sept heures, elle va dans la **salle à manger. Elle prend le petit déjeuner** avec son père. À sept heures quinze, elle sort de la maison. Elle va à l'**arrêt de bus.** Elle prend le bus. À sept heures quarante-cinq, elle arrive au collège.

La sonnerie retentit à sept heures cinquante. Les élèves vont dans leur **salle de classe.** Chacun **s'assied** à sa place. Les cours commencent. La pause est à neuf heures quarante-cinq. Les cours continuent à dix heures. Le matin, les cours finissent à midi.

Aline va à la **cantine.** Elle prend le **déjeuner** avec deux copines. Après le déjeuner, elle va à la bibliothèque de l'école. Elle prend une place. Elle lit, écrit ou **fait ses devoirs.** Parfois, **elle s'endort**.

L'après-midi, les cours commencent à treize heures trente. Ils finissent à dix-sept heures. Aline prend le bus pour rentrer. Elle arrive à la maison à dix-huit heures. Elle **pose** son cartable dans sa chambre. Elle descend et prend un **goûter.** Elle fait une pause jusqu'à l'arrivée de sa mère.

La famille dîne vers vingt heures. Puis, Aline enlève ses chaussures, **se déshabille** et se lave. Elle met son linge sale dans le **bac à linge.** Elle met son pyjama. Ensuite, **elle apprend** ses leçons et fait ses devoirs. Elle raconte sa journée dans son journal intime. Vers vingt et une heures, elle va dans son lit. Elle lit, puis s'endort.

Le samedi, Aline se réveille vers neuf heures trente. Aline est une élève studieuse. Le samedi matin, elle termine ses devoirs **inachevés la veille**. Puis, elle apprend ou révise ses leçons.

Le samedi après-midi, Aline suit des cours de danse classique. Sa mère la dépose. Ensuite, **elle passe prendre Aline** à seize heures.

Le dimanche, Aline fait des activités avec sa famille. Ils restent à la maison ou font une sortie.

La grande sœur d'Aline s'appelle Leslie. Elle a vingt-cinq ans. Elle est **jeune diplômée**. **Leslie est au chômage**. Elle habite chez ses parents. Elle adore **passer du temps** avec ses amis. Elle aime **bavarder avec** une copine. Elle adore aussi le **maquillage**.

Tous les matins, Leslie se réveille à dix heures. Elle se prépare et sort de la maison. **Elle ferme la porte à clé**. Elle va au garage de la maison. Elle met son **casque de moto**. **Elle démarre la moto** et s'en va.

Leslie a un job temporaire. Elle est **serveuse** dans un petit restaurant. **Elle travaille à mi-temps**. À dix heures vingt, elle arrive au restaurant. Elle se sert du café et mange du **pain au beurre**. Puis, elle met sa **tenue de serveuse**. Elle commence à travailler.

Quentin est un **client habitué** du restaurant. **Il fait la cour à Leslie**. Tous les jours, Quentin donne un **généreux pourboire** à Leslie. La jeune femme est **gênée**.

À treize heures, elle fait une pause de quinze minutes. **Elle prend un encas** et continue ses services. **Leslie ne mange pas beaucoup**. Elle a peur de **grossir**. **Elle n'a que la peau sur les os**.

À dix-huit heures, Leslie finit ses services. À dix-huit heures trente, elle rejoint ses amis dans un bar.

Le vendredi soir, Leslie et ses amis sortent en **boîte de nuit**. Elle rentre vers une heure du matin. Parfois, une amie dort chez elle. Le samedi matin, Leslie est **épuisée. Elle fait la grasse matinée.** Leslie se réveille vers midi. Elle prend son déjeuner. L'après-midi, elle regarde des séries ou va au cinéma avec ses amis.

La mère de Leslie et d'Aline s'appelle Stephy. Stephy est **enseignante** à l'école primaire. Stephy adore les enfants et son métier. Tous les soirs, elle prépare les cours à donner aux enfants le lendemain. Après les examens, il lui arrive de **veiller tard. Elle corrige les copies d'examen** de ses élèves. Stephy connaît tous les prénoms de ses élèves. Le mercredi après-midi, **il n'y a pas école. Elle a du temps libre.**

Le mari de Stephy s'appelle Rob. **Rob travaille dans l'informatique.** Il est développeur. Il travaille dans un bureau. Il est **tout le temps** assis devant un **ordinateur.** Il **tape** des lignes de code sur le **clavier.** Rob est aussi responsable de la maintenance des ordinateurs de son lieu de travail. Il est le **responsable informatique. Rob fait beaucoup d'heures supplémentaires.** Aline trouve qu'**il travaille trop.** Elle a peur que son père **se surmène.**

Storia 5: Viaggi, turismo e vacanze

È estate. È la **stagione delle vacanze**. **Nicolas pianifica un viaggio** con la sua famiglia. Va all'**agenzia di viaggi**. Un **agente turistico** lo accoglie:

- Salve signore. Cosa posso fare per lei?
- Salve, vorrei **acquistare dei biglietti aerei** per Parigi, gentilmente.
- Quando parte?
- **Venerdì prossimo.**
- Quanti biglietti desidera acquistare?
- Ho bisogno di quattro biglietti aerei, per due adulti e due bambini.

Nicolas riceve i biglietti e **va a casa**. Invia un'e-mail a Sid per confermare il suo **volo**. Sid è il fratello di Nicolas. Sid vive in Francia. I figli di Nicolas - Chanel e Charlie - sono felici. È la prima volta che vanno in Francia. Jenny - La moglie di Nicolas – lo ringrazia. **Gli dà un bacio sulla guancia.**

Giovedì, Jenny prepara i **bagagli**. Nicolas controlla i passaporti di tutti. Mette il suo e quelli dei bambini nella sua **valigetta**.

Venerdì mattina, Jenny compra un piccolo regalo per Martin. Martin è suo **nipote acquisito. È** il figlio di Sid.

Alle diciannove, **Nicolas, Jenny ed Evan** - il loro **autista - caricano i bagagli** nell'**auto**. Alle diciannove e trenta, tutti entrano in macchina. Partono per l'aeroporto. Alle otto, arrivano al parcheggio. Nicolas mette i bagagli in un **carrello.**

Nicolas, Jenny e i bambini vanno al **banco del check-in.** Passaporti e biglietti vengono verificati. Le **valigie** vengono **pesate**. Quindi il bagaglio viene inviato nella **stiva** dell'aereo. **Tutti** prendono la loro **carta d'imbarco.** Nicolas e la sua famiglia si dirigono verso il loro **gate di imbarco.** Passano la **dogana.**

Aspettano l'imbarco nella sala d'attesa. Alle ventidue e trenta, **i passeggeri si imbarcano**. Sull'aereo, gli **assistenti di volo** salutano i passeggeri. Una **hostess sorride** a Chanel e Charlie. Tutti si siedono ai loro **posti**. I passeggeri fissano la **cintura di sicurezza**. L'aereo **decolla**.

L'aereo arriva verso le sette del mattino. L'aereo **atterra**. Nicolas e la sua famiglia lasciano il volo. Gli assistenti li accolgono in Francia. Nicolas e la sua famiglia prendono le valigie dalla zona di **ritiro bagagli**. Sid va a prenderli con la famiglia all'aeroporto. È felice di rivederli. Chanel e Charlie non ricordano lo zio Sid. Nicolas presenta suo fratello ai suoi figli.

Le valigie vengono caricate nella macchina di Sid. Dopo mezz'ora di auto, arrivano a casa di Sid. La casa di Sid è bella e grande. Nicolas e la sua famiglia rimangono a Parigi per una settimana. **Soggiornano** da Sid durante il loro viaggio a Parigi. Cynthia e Martin salutano i viaggiatori **alla porta di casa**. Cynthia è la moglie di Sid. La stanza di Nicholas e Jenny è al **primo piano**. La stanza di Chanel e Charlie è **vicino** alla stanza dei genitori.

Cynthia serve la colazione. I bambini bevono della cioccolata calda e mangiano dei croissant. Gli adulti bevono del tè e mangiano pane al formaggio. I bambini sono **sazi**. E anche **stanchi**. Charlie si addormenta sul **divano** in **soggiorno**. Jenny lo prende tra le sue braccia. Lo porta nella sua stanza. Lo lascia sul letto. Jenny toglie le scarpe a suo figlio. **Lo copre** con un **lenzuolo**. Chanel fa uno **sbadiglio**. Vuole dormire anche lei. Va nella sua stanza e dorme vicino a suo fratello.

Il loro padre fa un pisolino nella **stanza accanto. Jenny fa il bagno** nella **vasca da bagno. Cynthia lava i piatti. Sid va al lavoro. Martin gioca ai videogame.**

Jenny finisce di fare il bagno e si veste comodamente. Quindi accompagna Cynthia a **fare la spesa**. Le due donne si raccontano la loro vita da madri. Un'ora e mezza dopo, **tornano a casa. Preparano il pranzo.**

Chanel e Charlie si svegliano. Charlie gioca ai videogame con suo cugino Martin. Chanel vuole anche lei giocare con loro. Ma Charlie non vuole. Chanel insiste ma i due ragazzi dicono di no. Chanel è **triste**.

Lei esce e **passeggia** nel grande **cortile** della casa. Vede la **piscina** della casa. Chiede a sua madre se può **nuotare**. Ma Jenny è ancora **occupata**. Chanel non sa nuotare da sola senza nessuna **supervisione**.

Chanel va in soggiorno. Guarda la televisione. **La bambina sospira. È annoiata e si addormenta di nuovo.**

Per una settimana, **Nicolas e la sua famiglia vanno a visitare** la città di Parigi.

Nicolas e la sua famiglia comprano i **biglietti del treno** per la città di Marsiglia. **Sfortunatamente**, sono in ritardo. **Perdono il treno**. Prendono quello successivo. Quattro ore dopo, arrivano a Marsiglia. Affittano una **stanza familiare** in un hotel. I bambini hanno fame. Nicolas ordina da mangiare.

Il giorno dopo, Nicolas e la sua famiglia visitano un'amica di Jenny. Il suo nome è Bea. Il marito di Bea si chiama Claude. Claude è assente. Ha viaggiato per una settimana. Claude e Bea hanno due figli: un maschietto e una femminuccia. Marine e Steven hanno circa la stessa età di Chanel e Charlie. Bea, Jenny e i ragazzi indossano il loro **costume da bagno**. Stanno andando al mare.

Marine e Steven costruiscono un castello di sabbia. Chanel osserva Marine e Steven. **Si prendono in giro a vicenda** e si divertono molto. Chanel e suo fratello non giocano mai insieme. La loro relazione è così diversa da quella tra Marine e Steven. Marine e Steven sono intimi. Chanel e Charlie non lo sono quanto loro. Steven si avvicina a Chanel e gli parla:

- Chanel, vuoi giocare con me e mia sorella?
- Vuoi che io giochi con te?
- **Stai lì senza fare nulla.**
- Vi sto guardando.
- Sei una bambina e sei in vacanza. Dovresti divertirti. Le nostre mamme sono grandi. Stanno sedute lì a fare niente, perché sono stanche. Preferiscono chiaccherare. Vieni e divertiti con noi.

\-   Va bene!

Chanel è felice di trovare nuovi amici con cui giocare.

Vocabulaire

È estate	C'est l'été
Stagione delle vacanze	Période des vacances
Pianificare un viaggio (Nicholas pianifica un viaggio)	Préparer un voyage (Nicolas prépare un voyage)
Agenzia di viaggi	Agence de voyage
Agente turistico	Agent de voyage
Acquistare biglietti aerei	Acheter des billets d'avion
Venerdì prossimo	Vendredi prochain
Andare a casa (va a casa)	Rentrer à la maison (il rentre à la maison)
Volo	Vol
Gli dà un bacio sulla guancia	Elle lui donne un baiser sur la joue
Bagagli	Bagages
Valigetta	Bagage à main
Nipote acquisito	Neveu par alliance
Caricare i bagagli (Nicolas, Jenny ed Evan caricano i bagagli)	Charger les bagages (Nicolas, Jenny et Evan chargent les bagages)
Auto	Voiture
Autista	Chauffeur
Trolley	Chariot à bagages
Banco del check in	Comptoir d'enregistrement
Check In	Enregistrement
Valigie	Valises
Pesare	Peser
Stiva	Soute
Tutti	Chacun
Carta d'imbarco	Carte d'embarquement
Gate di imbarco	Porte d'embarquement
Dogana	Douane

Imbarcarsi (i passeggeri si imbarcano)	Embarquer (les passagers embarquent)
Assistenti di volo	Agent(s) de bord
Una hostess sorride	Une hôtesse de l'air sourit
Posti	Siège
Cintura di sicurezza	Ceinture de sécurité
Decollare	Décoller
Atterrare	Attérir
Ritiro bagagli	Carroussel à bagages
Rimangono	logent
Porta di casa	Seuil de la porte
Primo piano	Premier étage
Vicino	À côté de
Cynthia serve la colazione	Cynthia sert le petit déjeuner
I bambini bevono della cioccolata calda	Les enfants boivent du chocolat chaud
Sazi	Rassasié(s)
Stanchi	Fatigué(s)
Divano	Canapé
Soggiorno	Salle de séjour
Coprire	Couverture
Lenzuolo	Drap
Sbadiglio	Bâiller
Il loro padre fa un pisolino	Leur père fait la sieste
Stanza accanto	Chambre attenante
Jenny fa il bagno	Jenny prend un bain
Vasca da bagno	Baignoire
Cynthia lava i piatti	Cynthia fait la vaisselle
Sid va al lavoro	Sid va au travail
Martin gioca ai videogame	Martin joue aux jeux vidéo
Fare la spesa	Faire les courses

Tornano a casa	Ils/Elles reviennent à la maison
Preparano il pranzo	Ils/Elles préparent le repas
Triste	Attristée
Passeggia	Se promener
Cortile	Cour
Piscina	Piscine
Nuotare	Nager
Occupata	Occupée
Supervisione	Sans surveillance
La bambina sospira	La petite fille soupire
È annoiata e si addormenta di nuovo	Elle s'ennuie et se rendort
Andare a visitare (Nicholas e la sua famiglia vanno a visitare la città)	Faire du tourisme (Nicolas et sa famille font du tourisme)
Biglietti del treno	Billets de train
Sfortunatamente	Malheureusement
Perdono il treno	Ils ratent le train
Stanza familiare	Chambre familiale
Costume da bagno	Maillot de bain
Marine e Steven costruiscono un castello di sabbia	Marine et Steven construisent un château de sable
Prendersi in giro a vicenda (si prendono in giro a vicenda)	Se taquiner (ils se taquinent)
Stai lì senza fare nulla	Tu restes assise à ne rien faire

Histoire 5: Voyage, tourisme et vacances

C'est l'été. C'est la **période des vacances**. **Nicolas prépare un voyage** en famille. Il va à l'**agence de voyage**. Un **agent de voyage** l'accueille :

- Bonjour, monsieur. Que puis-je faire pour vous ?
- Bonjour, je voudrais **acheter des billets d'avion** pour Paris, s'il vous plaît.
- Quand partez-vous ?
- **Vendredi prochain.**
- Combien de billets achetez-vous ?
- J'ai besoin de quatre billets d'avion, pour deux adultes et deux enfants.

Nicolas obtient les billets et **rentre à la maison**. Il envoie un e-mail à Sid pour confirmer son **vol**. Sid est le frère de Nicolas. Il habite en France. Les enfants de Nicolas - Chanel et Charlie - sont contents. C'est la première fois qu'ils vont en France. Jenny - la femme de Nicolas - le remercie. **Elle lui donne un baiser sur la joue.**

Jeudi, Jenny prépare les **bagages**. Nicolas vérifie les passeports de tout le monde. Il met son passeport et les passeports des enfants dans son **bagage à main**.

Vendredi matin, Jenny achète un petit cadeau pour Martin. Martin est son **neveu par alliance.** Il est le fils de Sid.

À dix-neuf heures, **Nicolas, Jenny et Evan** - leur **chauffeur** - **chargent les bagages** dans la **voiture**. À dix-neuf heures trente, tout le monde monte dans la voiture. Ils partent pour l'aéroport. À vingt heures, ils arrivent dans le parking de l'aéroport. Nicolas met les bagages dans un **chariot à bagages**.

Nicolas, Jenny et les enfants vont au **comptoir d'enregistrement** pour faire l'**enregistrement**. Les passeports et les billets sont vérifiés. Les **valises** sont **pesées**. Puis, les bagages sont envoyés dans la **soute** de l'avion. **Chacun** prend sa **carte d'embarquement**. Nicolas et sa famille se dirigent vers leur **porte d'embarquement**. Ils passent la **douane**.

Ils attendent l'heure d'embarquement dans la salle d'attente. À vingt-deux heures trente, **les passagers embarquent**. Dans l'avion, des **agents de bord** accueillent les passagers. Une **hôtesse de l'air sourit** à Chanel et à Charlie. Chacun s'assied sur son **siège**. Les passagers attachent leur **ceinture de sécurité**. L'avion **décolle**.

L'avion arrive à destination vers sept heures du matin. L'avion **atterrit**. Nicolas et sa famille sortent de l'avion. Les agents de bord leur souhaitent la bienvenue en France. Nicolas et sa famille prennent leurs bagages sur le **carrousel**. Sid passe prendre la famille à l'aéroport. Il est content de les revoir. Chanel et Charlie ne se souviennent pas de leur oncle Sid. Nicolas présente son frère à ses enfants.

Les bagages sont chargés dans la voiture de Sid. Après une demi-heure de route, ils arrivent chez Sid. La maison de Sid est une belle grande maison. Nicolas et sa famille restent à Paris pendant une semaine. Ils **logent** chez Sid pendant leur séjour à Paris. Cynthia et Martin accueillent les voyageurs au **seuil de la porte**. Cynthia est la femme de Sid. La chambre de Nicolas et de Jenny est au **premier étage**. La chambre de Chanel et de Charlie se trouve **à côté de** la chambre de leurs parents.

Cynthia sert le petit déjeuner. Les enfants boivent du chocolat chaud et mangent des croissants. Les adultes boivent du thé et mangent du pain au fromage. Les enfants sont **rassasiés**. Et ils sont **fatigués**. Charlie s'endort sur le **canapé** dans le **séjour**. Jenny le prend dans ses bras. Elle l'emmène dans sa chambre. Elle le pose sur le lit. Jenny enlève les chaussures de son fils. Elle le **couvre** d'un **drap**. Chanel bâille. Elle aussi, a envie de dormir. Elle monte dans sa chambre et dort près de son frère.

Leur père fait la sieste dans la **chambre attenante. Jenny prend un bain** dans la **baignoire. Cynthia fait la vaisselle. Sid va au travail. Martin joue aux jeux vidéo.**

Jenny finit son bain et s'habille confortablement. Puis, elle accompagne Cynthia pour **faire les courses**. Les deux femmes se racontent leur vie de mère de famille. Une heure et demie plus tard, **elles rentrent à la maison. Elles préparent le repas.**

Chanel et Charlie se réveillent. Charlie joue aux jeux vidéo avec son cousin Martin. Chanel veut aussi jouer avec eux. Mais Charlie refuse de la laisser jouer. Chanel insiste, mais les deux garçons l'ignorent. Chanel est **attristée.**

Elle sort et **se promène** dans la grande **cour** de la maison. Elle voit la **piscine** de la maison. Elle demande à sa mère si elle peut **nager**. Mais Jenny est encore **occupée**. Chanel ne peut pas nager seule **sans surveillance.**

Chanel va dans le séjour. Elle regarde la télévision. **La petite fille soupire. Elle s'ennuie et se rendort** sur le canapé.

Pendant une semaine, **Nicolas et sa famille font du tourisme** dans la ville de Paris.

Nicolas et sa famille achètent des **billets de train** pour la ville de Marseille. **Malheureusement**, ils sont en retard. **Ils ratent le train.** Ils prennent le train suivant. Quatre heures plus tard, ils arrivent à Marseille. Ils louent une **chambre familiale** dans un hôtel. Les enfants ont faim. Nicolas commande à manger.

Le lendemain, Nicolas et sa famille rendent visite à une amie de Jenny. Elle s'appelle Bea. Le mari de Bea s'appelle Claude. Claude est absent. Il est en voyage depuis une semaine. Claude et Bea ont deux enfants : une fille et un garçon. Marine et Steven ont à peu près le même âge que Chanel et Charlie. Bea, Jenny et les enfants mettent leur **maillot de bain**. Ils vont à la plage.

Marine et Steven construisent un château de sable. Chanel observe Marine et Steven. **Ils se taquinent** et s'amusent beaucoup. Chanel et son frère ne jouent jamais ensemble. Leur relation est tellement différente de celle entre Marine et Steven. Marine et Steven sont proches. Chanel et Charlie ne le sont pas. Steven s'approche de Chanel et lui dit :

- Chanel, veux-tu jouer avec ma sœur et moi ?
- Vous voulez que je joue avec vous ?
- **Tu restes assise à ne rien faire.**
- Je vous regarde.
- Tu es une enfant et tu es en vacances. Tu es censée t'amuser. Nos mamans sont vieilles. Elles, elles restent assises à ne rien faire parce qu'elles sont fatiguées. Elles préfèrent bavarder. Viens te divertir avec nous.
- D'accord !

Chanel est heureuse de trouver de nouveaux amis avec qui jouer.

Storia 6: I mestieri

Julia lavora come **colf** in una casa. Ogni mattina, dal lunedì al sabato, inizia a lavorare alle sette e trenta. Prepara la colazione di famiglia. Mette l'acqua in una **casseruola**. Accende il **fornello a gas per riscaldare** l'acqua. Compra pane e focacce. Al suo ritorno, **l'acqua sta bollendo**. Julia prepara il tè. Quindi lo mette in un thermos. Poi scalda il **latte**.

Julia prepara la tavola. Mette le gallette, il burro, lo **zucchero**, un barattolo di **marmellata**, i panini, il tè, il latte e un **cesto di frutta** sul tavolo. **Il cesto di frutta contiene** banane, **uva** e **mele**. Colloca i **piattini** sul tavolo. Mette le **tazze** sui piattini. Posiziona i **tovaglioli** vicino alle tazze. Quindi **cucchiai, forchette,** e **coltelli** su di essi. La colazione è servita.

La famiglia fa colazione. Gli adulti vanno a lavoro, i bambini a scuola e i giovani a studiare. **Julia sparecchia la tavola** e lava i piatti.

Julia fa la spesa. Compra cetrioli, pomodori, aceto, **aglio**, mais, **olio**, **salumi**, formaggio, limone, pasta e **sale**. Julia taglia il formaggio, i salumi e le **verdure** in piccoli cubetti. **Taglia lo spicchio d'aglio**. Cuoce la pasta. Poi prepara una salsa vinaigrette. **Julia mescola** tutto in una **insalatiera**. Mette quindi l'insalata di pasta nel **frigorifero**. Julia poi prepara un **succo di limone**. Lo mette nel frigorifero.

Pulisce il **pavimento** delle **camere** in casa con una **scopa**. Poi **passa l'aspirapolvere**. **Spolvera i mobili. Fa il letto** nella stanza del bambino. Pulisce il **lavello**, la vasca da bagno e lo specchio doccia. Lavando il bagno. Lava le **piastrelle** della **veranda**. **Innaffia i fiori** e lava i **pannelli di vetro** della casa. Poi si lava le mani.

Alle undici e mezza **Julia apparecchia la tavola**. I bambini arrivano a casa verso mezzogiorno. Mangiano l'insalata di pasta preparata da Julia. Poi tornano a scuola. Julia sparecchia la tavola e lava i piatti.

Nel pomeriggio, **Julia fa il bucato** con la **lavatrice**. Poi lo **stende**. **Stira** i vestiti **asciutti**. Julia torna a casa alle quattro.

Julia è **vedova** da anni. Non è sposata e non ha figli. Ma ha una nipote di nome Cathy. Vive con Julia. Cathy è orfana da quando era adolescente. È bella, intelligente e gentile. Ama Julia come una madre. Le due donne sono molto vicine.

Cathy lavora come **segretaria esecutiva**. Dal lunedì al venerdì, si sveglia alle sei e mezza. Si prepara e arriva al lavoro alle sette e cinquanta. Il suo capo, George, arriva sempre in **ufficio** verso le nove e mezza del mattino. George è il **manager** della società. Quando arriva in ufficio, Cathy gli prepara il caffè. A volte George accompagna il caffè con un muffin.

Quindi Cathy gli ricorda le cose da fare durante il giorno. Cathy pianifica i compiti. Organizza gli incontri. **Prende appunti** durante i **meeting** di George con colleghi o soci dell'azienda. Poi **scrive** il **verbale** degli incontri. Quando George fa qualche **viaggio di lavoro**, **registra** gli incontri con il suo smartphone. George invia i file audio via **e-mail**. Cathy li riceve. Quindi fa la trascrizione del **file**. Ascolta le riunioni e scrive relazioni.

Cathy risponde alle **chiamate telefoniche**. Registra i nomi e i messaggi delle persone che chiamano. Cathy contatta anche i clienti.

Cathy è responsabile di tutti i compiti amministrativi. George è soddisfatto del suo servizio. È responsabile, seria, competente ed ha una grande **capacità di ascolto**. Spesso riceve dei **bonus** per la qualità del suo lavoro. Dopo due anni di servizio **con** la compagnia, Cathy ottiene un **aumento di stipendio**.

Per celebrare la sua promozione, Cathy invita la zia Julia a cenare al ristorante. Cathy compra anche nuove **scarpe col tacco** e un bell'**abito da sera**. Julia la ringrazia per la sua generosità. La settimana seguente, Julia prepara il piatto preferito di Cathy per ringraziarla. Julia le augura ogni successo nella sua carriera.

Il nome del fratello di George è Gerard. È un dottore. Ogni mattina, si sveglia **presto**. Si prepara e si mette al lavoro. Gerard ha il suo **studio medico**. **Lui esamina** i pazienti. Lui scrive le **ricette**. I pazienti pagano una **tassa** per la visita medica.

I pazienti comprano i farmaci in **farmacia**.

Lilly è un'**infermiera**. Aiuta il dott. Gerard.

Vocabulaire

Mestiere(i)	Métier(s)
Colf	Femme de chambre
Casseruola	Casserole
Fornello a gas	Réchaud à gaz
Riscaldare	Faire chauffer
L'acqua sta bollendo	L'eau bout
Latte	Lait
Julia prepara la tavola	Julia dresse la table
Zucchero	Sucre
Marmellata	Confiture
Contenere (il cesto di frutta contiene ...)	Contenir (le panier de fruits contient…)
Uva	Raisins
Mela(e)	Pomme(s)
Piattino(i)	Sous-tasse(s)
Tazza(e)	Tasses
Tovagliolo(i)	Serviette(s) de table
Cucchiai	Cuillères
Forchette	Fourchettes
Coltelli/coltello	Couteaux/couteau
Julia sparecchia la tavola	Julia débarasse la table
Spicchio d'aglio	Gousse d'ail
Olio	Huile
Carne	Viande
Salumi	Charcuterie
Sale	Sel
Verdure	Légume(s)
Lei taglia l'aglio a pezzi	Elle hache la gousse d'ail
Mescolare (Julia mescola ...)	Mélanger (Julia mélange…)
Insalatiera	Saladier
Frigorifero	Réfrigérateur
Succo di limone	Jus de citron
Pulire (pulisce)	Nettoyer (elle nettoie)

Pavimento	Plancher
Camera(e)	Pièce(s)
Scopa	Balai
Passa l'aspirapolvere in casa	Elle passe l'aspirateur
Spolverare (lei spolvera ...)	Dépoussiérer (elle dépoussière…)
Mobili	Meubles
Lei fa il letto	Elle fait le lit
Lavabo	Lavabo
Piastrella(e)	Carreau(x)
Veranda	Veranda
Innaffia i fiori	Elle arrose les plantes
Pannelli di vetro	Vitres de fenêtres
Julia apparecchia la tavola	Julia met la table
Fare il bucato (lei fa il bucato)	Laver le linge (Julia lave le linge)
Lavatrice	Machine à laver
Lei stende il bucato	Elle étend le linge
Stira	Elle repasse
Asciutto	Sec(s)
Vedova	Veuve
Assistente esecutivo segretario esecutivo	Secrétaire de direction
Ufficio	Bureau
Manager	Directeur
Prende appunti	Elle prend des notes
Meeting	Réunion(s)
Lei scrive	Elle rédige
Verbale	Compte-rendu
Viaggio di lavoro	Voyage d'affaires
Lui registra	Il enregistre
E-mail	Courrier électronique
File	Fichier(s)

Telefonate (Chiamate Telefoniche)	Appel(s) téléphonique(s)
Capacità di ascolto	Capacité d'écoute
Bonus	Prime
Con	Au sein de
Aumento di stipendio	Augmentation de salaire
Scarpe col tacco	Escarpins
Abito da sera	Robe de soirée
Presto	De bonne heure
Studio medico	Cabinet médical
Esaminare (egli esamina ...)	Ausculter (il ausculte…)
Ricetta	Ordonnance
Tassa	Frais
Farmacia	Pharmacie
Infermiera	Infirmière

Histoire 6: Les métiers

Julia travaille comme **femme de chambre** dans une maison. Tous les matins, du lundi au samedi, elle commence son travail à sept heures trente. Elle prépare le petit déjeuner de la famille. Elle met de l'eau dans une **casserole**. Elle allume le **réchaud à gaz** pour **faire chauffer** l'eau. Elle achète du pain et des brioches. À son retour, **l'eau bout**. Julia fait du thé. Puis, elle met le thé dans un thermos. Elle chauffe du **lait**.

Julia dresse la table. Elle met sur la table les pains, le beurre, le **sucre**, un pot de **confiture**, les brioches, le thé, le lait et un **panier de fruits**. **Le panier de fruits contient** des bananes, des **raisins** et des **pommes**. Elle place les **sous-tasses** sur la table. Elle met les **tasses** sur les sous-tasses. Elle place les **serviettes de table** près des tasses. Ensuite, elle met les petites **cuillères**, les **fourchettes** et les **couteaux** sur les serviettes de table. Le petit déjeuner est servi.

La famille prend le petit déjeuner. Les adultes vont travailler, les enfants vont à l'école, et les jeunes vont étudier. **Julia débarrasse la table** et fait la vaisselle.

Julia fait les courses. Elle achète des concombres, des tomates, du vinaigre, une **gousse d'ail**, du maïs, de l'**huile**, de la **charcuterie**, du fromage, du citron, des pâtes et du **sel**. Julia coupe le fromage, les charcuteries, et les **légumes** en petits cubes. Elle **hache la gousse d'ail**. Elle cuit les pâtes. Elle prépare une sauce vinaigrette. **Julia mélange** le tout dans un **saladier**. Elle met la salade de pâtes dans le **réfrigérateur**. Julia fait du **jus de citron**. Elle met le jus dans le réfrigérateur.

Elle nettoie le **plancher** des **pièces** de la maison avec un **balai**. Puis, **elle passe l'aspirateur**. **Elle dépoussière** les **meubles**. **Elle fait le lit** dans la chambre d'enfant. Elle lave le **lavabo**, la baignoire et le miroir de la douche. Elle lave les toilettes. Elle lave les **carreaux** de la **véranda**. **Elle arrose les plantes** et lave les **vitres des fenêtres** de la maison. Ensuite, Julia se lave les mains.

À onze heures trente, **Julia met la table.** Les enfants arrivent à la maison vers midi. Ils mangent la salade de pâtes préparée par Julia. Puis, ils retournent à l'école. Julia débarrasse la table et fait la vaisselle.

L'après-midi, **Julia lave le linge** sale avec la **machine à laver.** Ensuite, **elle étend le linge. Elle repasse** les vêtements **secs.** Julia rentre chez elle vers seize heures.

Julia est **veuve** depuis des années. Elle n'est pas mariée et n'a pas d'enfants. Mais elle a une nièce. Elle s'appelle Cathy. Cathy habite avec Julia. Cathy est orpheline depuis son adolescence. Elle est charmante, intelligente et gentille. Elle aime Julia comme une mère. Les deux femmes sont très proches.

Cathy travaille comme **secrétaire de direction.** Du lundi au vendredi, elle se réveille à six heures trente. Elle se prépare et arrive au travail à sept heures cinquante. Son patron - George - arrive toujours au **bureau** vers neuf heures trente du matin. George est le **directeur** de la société. À son arrivée au bureau, Cathy lui prépare du café. Parfois, George mange un muffin avec son café.

Puis, Cathy lui rappelle les tâches à faire pendant la journée. Cathy planifie les tâches. Elle organise les réunions. **Elle prend des notes** pendant les **réunions** de George avec les collègues ou partenaires de la société. Ensuite, **elle rédige** le **compte-rendu** des réunions. Quand George part en **voyage d'affaires, il enregistre** les réunions avec son smartphone. George envoie les fichiers audio par **courrier électronique.** Cathy les reçoit. Puis, elle fait la transcription des **fichiers.** Elle écoute les réunions et rédige les rapports.

Cathy répond aux **appels téléphoniques.** Elle enregistre le nom et les messages des personnes qui appellent. Cathy contacte aussi les clients.

Cathy est responsable de toutes les tâches administratives. George est content des services de Cathy. Elle est responsable, sérieuse, habile et a une grande **capacité d'écoute.** Elle obtient fréquemment une **prime** pour la qualité de son travail. Après deux ans de service **au sein de** la société, Cathy obtient une **augmentation de salaire**.

Pour fêter son augmentation, Cathy invite sa tante Julia à dîner au restaurant. Cathy lui achète aussi de nouveaux **escarpins** et une belle **robe de soirée**. Julia la remercie de sa générosité. La semaine suivante, Julia prépare le plat préféré de Cathy pour la remercier. Julia lui souhaite beaucoup de succès dans sa carrière.

Le frère de George s'appelle Gerard. Gerard est médecin. Tous les matins, il se réveille **de bonne heure**. Il se prépare et part travailler. Gerard a son propre **cabinet médical**. **Il ausculte** les patients. Il écrit des **ordonnances**. Les patients paient les **frais** de consultation médicale.

Les patients achètent les médicaments à la **pharmacie**.

Lilly est **infirmière**. Elle assiste le docteur Gerard.

Storia 7: Nozze

Adam e Barbara sono stati insieme per sei anni. Al compleanno di Barbara, Adam la invita a cena a casa sua. Alla **fine** della cena, **Adam le chiede la mano. Barbara e Adam si fidanzano. Barbara dà la notizia** alla sua famiglia.

Adam e Barbara stanno preparando le loro **nozze. Fissano una data** per la cerimonia di **matrimonio**: scelgono il giorno dell'anniversario del loro **primo incontro**. Adam e Barbara calcolano il budget del matrimonio. **Vogliono che tutto sia perfetto nel loro grande giorno.**

Adam e Barbara elencano i preparativi per il matrimonio:

- Il **vestito da sposa**
- l'**acconciatura** e gli accessori della sposa: **velo**, scarpe, trucco e **gioielli**
- Il **completo da uomo** dello sposo
- Le **fedi nuziali**
- Il wedding planner
- **Testimoni di nozze** della sposa e dello sposo
- Gli abiti delle **damigelle**
- I costumi dei **testimoni**
- La **lista degli invitati**
- Gli **inviti**
- I trasporti
- Il **bouquet della sposa** e i **fiori**
- La **cerimonia matrimoniale**
- La decorazione della cappella
- La **prima colazione**
- Le **bevande**
- La **torta nuziale**
- I **pupazzetti della coppia**
- La **sala ricevimenti**
- La decorazione della stanza
- La **Piantina dei posti a sedere**
- L'orchestra e il disc jockey per l'animazione

- La canzone di apertura
- Il ballo di apertura
- Il fotografo e il cameraman

Adam e Barbara iniziano i **preparativi prima del matrimonio**. Barbara assume Suzie come wedding planner.

Una sarta confeziona il vestito da sposa per Barbara. La sarta è Brooke. Barbara le mostra il modello del vestito.

Adam chiede a suo cugino Richard di essere il suo testimone. I testimoni dello sposo sono il fratellino di Adam e il cuginetto. Le damigelle d'onore sono le due sorelline di Barbara. Adeline, la zia di Barbara, è la sua testimone di matrimonio.

Barbara scrive il testo dell'invito per il matrimonio:

"Adam e Barbara sono lieti di invitarvi alla loro cerimonia di nozze, sabato 21 febbraio 2009 alle 11, nella cappella di Saint John. Saremo lieti di avervi a pranzo presso l'Espace des Colombes dopo la cerimonia.

Vi chiediamo gentilmente di confermare la vostra presenza entro il 15 febbraio."

Barbara dà il testo a Suzie. Suzie **stampa l'annuncio di matrimonio**. Suzie scrive i nomi degli ospiti sui biglietti d'invito. Barbara invia gli inviti agli **ospiti**.

Adam e Barbara prendono lezioni di danza per il loro matrimonio.

Il giorno delle sue nozze, Barbara si sveglia alle sei del mattino. **Fa un bel bagno**. Il **truccatore** e il **parrucchiere** arrivano a casa sua.

Barbara esce dal bagno e si asciuga. Si prepara. Si mette il vestito bianco. La truccatrice comincia ad applicarle il make-up. Il parrucchiere le sistema i capelli. Barbara indossa collana e **orecchini**. Alle nove in punto è pronta. Il fotografo fotografa la bellissima sposa. La carrozza passa a prendere Barbara alle nove e trenta. Arriva in **Chiesa** alle dieci e trenta. Gli ospiti riempiono le **panchine** della chiesa **poco a poco**.

Alle dieci e cinquanta, Adam è **in piedi** di fronte all'**altare**. Alle undici l'organista suona una melodia. I testimoni dello sposo e le damigelle fanno il loro ingresso. Quindi il pubblico si alza. La sposa sta entrando. Suo padre la accompagna all'altare. Barbara si unisce al suo futuro marito di fronte all'altare. Il pubblico si siede. Il sacerdote inizia la cerimonia.

Adam e Barbara sono ora marito e moglie. L'organista suona **la marcia nuziale**. Gli sposi lasciano la chiesa. Gli ospiti si congratulano con loro.

Gli sposi e gli ospiti arrivano all'Espace des Colombes verso le dodici e mezzo. Gli ospiti guardano la mappa dei posti a sedere e si siedono. Adam e Barbara ballano sulla canzone di apertura del loro matrimonio. La canzone di apertura viene riprodotta una seconda volta. Gli ospiti ballano con gli sposi.

Verso le quattro, la sposa e lo sposo tagliano la torta. Aprono una **bottiglia di champagne**. Gli ospiti applaudono. Adam e Barbara si fanno scattare le foto coi gruppi di ospiti.

Verso le cinque e mezza, **la sposa lancia il bouquet**. Una zia di Adam lo prende. Gli ospiti danno i regali di nozze agli sposi. La festa finisce verso le diciannove. Gli ospiti augurano una buona e felice vita matrimoniale a Barbara e Adam. Gli sposi passano la **prima notte di nozze** in una camera d'albergo. Inizia una nuova **fase** della loro vita.

Il giorno dopo, partono per la **luna di miele**. Precisamente per le **Isole Mauritius**. Affittano la **suite nuziale** in un **hotel di lusso**.

Barbara è **abbronzata** sulla **spiaggia**. Si addormenta. **Adam nuota nel mare**.

Gli sposi incontrano un'altra coppia: Michel e Jessica. Sono anche loro in luna di miele. Jessica è una vecchia compagna di classe di Barbara. Entrambe le coppie soggiornano nello stesso hotel. **Michael e Adam si conoscono.** Jessica e Barbara condividono i ricordi del college.

In serata, le due coppie cenano insieme. **Passano una bella serata**.

Vocabulaire

Adam e Barbara sono stati insieme per sei anni	Adam et Barbara sont ensemble depuis six ans
Fine	Fin
Adam le chiede la mano	Adam lui demande sa main
Barbara e Adam si fidanzano	Barbara et Adam se fiancent
Dare la notizia (Barbara dà la notizia)	Annoncer la nouvelle (Barbara annonce la nouvelle)
Matrimonio	Mariage
Fissano una data	Ils fixent une date
Primo incontro	Première rencontre
Vogliono che tutto sia perfetto nel loro grande giorno	Ils veulent que tout soit parfait pour leur grand jour
Vestito da sposa	Robe de mariée
Acconciatura	Coiffure
Velo	Voile
Gioielli	Bijoux
Completo da uomo	Costume
Fedi nuziali	Alliances
Wedding planner	Organisateur de mariage
Testimoni di matrimonio	Témoins de mariage
Danigelle	Demoiselles d'honneur
Testimoni/Compari	Garçon d'honneur/garçons d'honneur
La lista degli invitati	La liste des invités
Inviti	Carton(s) d'invitation
Il bouquet della sposa	Bouquet de la mariée
Fiori	Fleurs
La cerimonia matrimoniale	Cérémonie de mariage
Prima colazione	Repas de mariage
Bevande	Boissons
Torta nuziale	Gâteau de mariage
Pupazzetti della coppia	Figurine des mariés

Sala ricevimenti	Salle de réception
Piantina dei posti a sedere	Plan de table
Preparativi prima del matrimonio	Préparatifs avant le mariage
Una sarta confeziona il vestito da sposa	Une couturière confectionne la robe de mariée
Stampa	Imprimer
Annuncio di matrimonio	Faire-part
Ospiti	Convives
Lei fa un bel bagno	Elle prend un bon bain
Truccatore	Maquilleuse
Parrucchiere	Coiffeuse
Orecchini	Boucles d'oreilles
Chiesa	Église
Banco/Banchi	Banc(s)
Poco a poco	Petit à petit
In piedi	Debout
Altare	Autel
La marcia nuziale	La marche nuptiale
Gli sposi	Les jeunes mariés
Bottiglia di champagne	Une bouteille de champagne
La sposa lancia il bouquet	La mariée lance le bouquet
Prima notte di nozze	Nuit de noces
Fase	Étape
Luna di miele	Lune de miel
Isole Mauritius	île Maurice
Suite nuziale	Suite nuptiale
Hotel di lusso	Hôtel de luxe
Abbronzata	Bronzer
Spiaggia	Plage
Adam nuota nel mare	Adam se baigne dans la mer
Michael e Adam si conoscono	Michel et Adam font connaissance
Si divertono	Ils passent une bonne soirée

Histoire 7: Mariage

Adam et Barbara sont ensemble depuis six ans. Le jour de l'anniversaire de Barbara, Adam l'invite à dîner chez lui. À la **fin** du dîner, **Adam lui demande sa main. Barbara et Adam se fiancent. Barbara annonce la grande nouvelle** à sa famille.

Adam et Barbara préparent leur **mariage. Ils fixent une date** pour la cérémonie du **mariage** : ils choisissent le jour de l'anniversaire de leur **première rencontre.** Adam et Barbara calculent le budget du mariage. **Ils veulent que tout soit parfait pour leur grand jour.**

Adam et Barbara dressent la liste des préparatifs pour le mariage :

- La **robe de mariée**
- La **coiffure** et les accessoires de la mariée : le **voile**, les chaussures, le maquillage et les **bijoux**
- Le **costume** du marié
- Les **alliances**
- L'**organisateur de mariage**
- Les **témoins** de la mariée et les témoins du marié
- Les robes des **demoiselles d'honneur**
- Les costumes des **garçons d'honneur**
- La **liste des invités**
- Les **cartons d'invitation**
- Le transport
- Le **bouquet de la mariée** et les **fleurs**
- La **cérémonie du mariage**
- La décoration de la chapelle
- Le **repas de mariage**
- Les **boissons**
- Le **gâteau de mariage**
- La **figurine des mariés**
- La **salle de réception**
- La décoration de la salle
- Le **plan de table**
- L'orchestre et le disc-jockey pour l'animation

- La chanson d'ouverture
- La danse d'ouverture
- Le photographe et le cameraman

Adam et Barbara commencent les **préparatifs avant le mariage**. Barbara engage Suzie comme organisatrice de mariage.

Une couturière confectionne la robe de mariée de Barbara. La couturière s'appelle Brooke. Barbara lui montre le modèle de robe souhaitée.

Adam demande à son cousin Richard d'être son témoin. Les garçons d'honneur sont le petit frère et le petit cousin d'Adam. Les demoiselles d'honneur sont les deux petites sœurs de Barbara. Adeline - la tante de Barbara - est son témoin de mariage.

Barbara rédige le texte d'invitation au mariage :

« Adam et Barbara sont heureux de vous inviter à leur cérémonie de mariage, le samedi 21 février 2009, à 11 heures à la chapelle Saint-Jean. Nous avons le plaisir de vous convier au déjeuner à l'Espace des Colombes après la cérémonie.

Merci de confirmer votre présence avant le 15 février. »

Barbara donne le texte à Suzie. Suzie fait **imprimer** les **faire-part** de mariage. Suzie écrit les noms des invités sur les cartons d'invitation. Barbara envoie les invitations aux **convives**.

Adam et Barbara prennent des cours de danse pour leur mariage.

Le jour de son mariage, Barbara se réveille à six heures du matin. **Elle prend un bon bain.** La **maquilleuse** et la **coiffeuse** arrivent chez elle.

Barbara sort de son bain et se sèche. Elle se prépare. Elle met sa robe blanche. La maquilleuse commence à la maquiller. La coiffeuse arrange ses cheveux. Barbara met son collier et ses **boucles d'oreilles**. À neuf heures, Barbara est prête. Le photographe prend des photos de la belle mariée. La voiture de la mariée passe prendre Barbara à neuf heures trente. Elle arrive à l'**église** à dix heures trente. Les invités remplissent les **bancs** de l'église, **petit à petit**.

À dix heures cinquante, Adam est **debout** devant l'**autel**. À onze heures, l'organiste joue une mélodie. Les garçons et les demoiselles d'honneur font leur entrée. Puis, l'assistance se lève. La mariée fait son entrée. Son père l'accompagne vers l'autel. Barbara rejoint son futur mari devant l'autel. L'assistance reprend place. Le prêtre commence la cérémonie.

Adam et Barbara sont désormais mari et femme. L'organiste joue **la marche nuptiale**. Les nouveaux mariés sortent de l'église. Les invités les félicitent.

Les jeunes mariés et les invités arrivent à l'Espace des Colombes vers douze heures trente. Les invités regardent le plan de table et prennent place. Adam et Barbara dansent sur la chanson d'ouverture de leur mariage. La chanson d'ouverture est jouée une deuxième fois. Les invités dansent avec les mariés.

Vers seize heures, les mariés coupent le gâteau. On ouvre une **bouteille de champagne**. Les invités applaudissent. Adam et Barbara prennent des photos avec les groupes d'invités.

Vers dix-sept heures trente, **la mariée lance le bouquet**. Une tante d'Adam attrape le bouquet. Les invités donnent les cadeaux de mariage aux jeunes mariés. La fête se termine vers dix-neuf heures. Les convives souhaitent une bonne et heureuse vie maritale à Barbara et à Adam. Les jeunes mariés passent leur **nuit de noces** dans une chambre d'hôtel. Ils commencent une nouvelle **étape** de leur vie.

Le lendemain, ils partent en **lune de miel**. Ils prennent l'avion pour l'**île Maurice**. Ils louent la **suite nuptiale** d'un **hôtel de luxe**.

Barbara se **prélasse** sur la **plage**. Elle s'endort. **Adam se baigne dans la mer**.

Les jeunes mariés rencontrent un autre couple : Michel et Jessica. Michel et Jessica sont eux aussi en lune de miel. Jessica est une ancienne camarade de classe de Barbara. Les deux couples logent dans le même hôtel. **Michel et Adam font connaissance**. Jessica et Barbara se racontent des souvenirs du collège.

Le soir, les deux couples dînent ensemble. **Ils passent une bonne soirée**.

Storia 8: Corrispondenti

L'insegnante di francese di Judy le passa le **informazioni** di una ragazza che vive all'estero. Il suo nome è Fabienne. Judy le manda la prima lettera:

"Marsiglia, 14 gennaio 2002

Ciao Fabienne,

Mi chiamo Judy. Mi piacerebbe avere una corrispondenza con te. Sono una ragazza di diciotto anni. Vivo in Francia. Mi piacerebbe incontrarti.

Judy Laroche."

Pochi giorni dopo, Judy riceve una risposta da Fabienne.

" Antananarivo, 22 gennaio 2002

Ciao Judy,

*Ho ricevuto la tua lettera. **sono davvero felice di conoscerti**. E sono felice di essere tua amica di penna. Ti auguro un felice anno nuovo. Mi presento, mi chiamo Fabienne e ho diciannove anni. **Sono una matricola alla facoltà di Arte**. **Studio inglese all'università**. **La prossima volta** scriverò una lettera più lunga. **Devo andare a lezione**.*

In attesa di leggere la tua risposta,

un caro saluto da Fabienne, la tua nuova amica."

"Marsiglia, 1 febbraio 2002

Ciao Fabienne,

***La tua lettera mi fa sorridere**. Ti ringrazio. **Sembri una brava ragazza**. Lascia che mi presenti. Come sai, mi chiamo Judy. Frequento il primo anno delle scuole superiori e vivo con i miei genitori. Ho un fratello maggiore. Si chiama*

Denis e siamo molto intimi. Denis si è diplomato al liceo l'anno scorso. Non so quale **campo di studi** sceglierà. Al momento, prende **lezioni di cucina**. Ha talento. **Denis è un buon cuoco.** Ci piace cucinare insieme. È mio fratello a preparare i piatti a casa. Io lo aiuto. E tu, hai fratelli e sorelle? Sei molto legata a loro?

Buona giornata,

Judy."

"Antananarivo, 11 febbraio 2002

Ciao Judy!

Sì, ho un fratellino. Il suo nome è Nathan. Ha otto anni e frequenta la scuola elementare. Ama il calcio. **È un po' indisciplinato.** Non passo molto tempo con Nathan. **Come sai, abbiamo undici anni di differenza.** Ma **mi piace. Mi prendo cura di lui** quando i nostri genitori sono via. Ami molto tuo fratello. Parli molto di lui. Mi piace il tuo rapporto con lui. E poi, gli piace cucinare per la sua famiglia. E tu, quali passioni hai? Dimmi un po' di più su di te.

Fabienne."

"Marsiglia, 16 febbraio 2002

Ciao Fabienne,

La mia passione? Non lo so... **Per adesso**, il mio **obbiettivo** è quello di **finire la scuola superiore**. Sai, sono stata bocciata una volta alle medie e una alle superiori. Non trascuro i miei studi. **Devo solo** lavorare duro per portarli a termine con successo.

A presto. Sono le diciotto a casa. **Vado a letto, non mi sento bene. Ho l'influenza. Mia madre mi porta dal dottore domani. Per fortuna**, è venerdì. **Posso riposare.**

Judy."

"Antananarivo, 25 febbraio 2002

Ciao Judy,

Spero che tu ti senta meglio presto. È il 25 febbraio. Spero che dalla tua ultima lettera tu sia guarita. **Augurami buona fortuna.** Sto preparando gli esami adesso.

A presto,

Fabienne."

"Parigi, 1 marzo 2002

Ciao Fabienne,

Sì, sono già guarita. Ora ci sono le vacanze. Ti sto scrivendo dalla città di Parigi. Sono venuta a trovare mia cugina Melanie. Lei vive a Parigi. **Sta affittando un appartamento.** E lei è una studentessa di inglese, come te. Ritorno a Marsiglia il 7 marzo. Ho ancora un sacco di compiti per le vacanze da finire per l'anno scolastico. In bocca al lupo per i tuoi esami!

Judy."

"Marsiglia, 15 aprile 2002

Ciao Fabienne,

È passato un po' di tempo da quando hai scritto. Spero che tu stia bene. Ti sto mandando questa lettera per **chiederti come stai.**

Judy."

"Antananarivo, 23 aprile 2002

Ciao Judy,

Mi dispiace per questo lungo silenzio. Ultimamente, non ho voglia di scrivere. È accaduta una cosa triste. Il fratello maggiore di mio padre è **morto.** Era il mio zio preferito. Ero molto occupata con il **funerale.** Nel frattempo, ho anche sostenuto gli esami. In ogni caso, ti ringrazio per la *lettera.* **Grazie per esserti preoccupata per me.** **Mi scalda il cuore.** *Sei davvero un'amica. Spero che tu stia bene.*

Un abbraccio,

Fabienne."

"Marsiglia, 27 aprile 2002

Cara Fabienne,

Ti mando le mie più sincere condoglianze, a te e alla tua famiglia. **Ho un compito di matematica domani.** *Sto ripassando. Denis non c'è.* **Mi manca.** *La casa è un po' vuota. Hai passato gli esami?*

A presto!

Judy."

"Antananarivo, 1 maggio 2002

Cara Judy,

Oggi è la **Festa dei lavoratori.** *Mi sono presa questa* **vacanza** *per scriverti. Ho superato gli esami. Ho il mio diploma di laurea. I miei genitori sono molto felici. Quand'è il tuo compleanno? Il mio è il 6 settembre.* **Ti sto allegando una mia foto a questa lettera.**

A presto,

Fabienne."

"Marsiglia, 7 maggio 2002

Ciao Fabienne,

Sei **bellissima** *nell'immagine. Mi piace il tuo* **vestito** *e la tua* **camicetta.** *Scusami. Non ti ho mandato la mia foto. Sono piccola e* **timida.** *E non sono fotogenica. Ti mando la foto del mio cane. È è la prima volta che ti parlo di lui. È un* **cagnolino.** *Il suo nome è Cotton. È molto* **dolce.** *Sei nata il 6 settembre? Prendo nota di questa data sull'* **agenda.** *Ti* *faccio un regalo per il compleanno. Qual è il tuo colore preferito? Il mio è il viola. Il mio compleanno è il 17 novembre.*

Un abbraccio,

Judy."

"Antananarivo, 12 maggio 2002

Ciao Judy!

Non importa *se non mandi la tua foto. Cotton è un cane molto* **dolce.** *Ma sono allergica ai* **peli di cane e gatto.** *Il mio colore preferito è il blu. Vado a prendermi cura del mio fratellino.* **Si è fatto male.**

A presto!

Fabienne."

"Marsiglia, 17 maggio 2002

Buona sera Fabienne,

Dì al tuo fratellino di **stare attento. Spero che stia bene.** *Hai un indirizzo email, Fabienne? Conviene di più scriverci per mail. È* **più veloce.** *Perdiamo meno tempo. Eccoti il mio indirizzo email:* judy.dubois2002@monmail.com *.*

A presto!

Judy."

"Antananarivo, 25 maggio 2002

Buona sera Judy,

Ho appena creato un indirizzo email. **Hai ragione.** *I messaggi di posta elettronica sono più pratici.* **A proposito,** *te ne ho appena mandato uno. Il mio indirizzo è in questa e-mail.*

A presto!

Fabienne."

Vocabulaire

Corrispondenti(M/F)	Correspondants/correspondantes
Informazioni	Coordonnées
Sono davvero felice di conoscerti	Je suis très contente de te rencontrer
Sono una matricola alla facoltà di Arte	Je suis étudiante en première année à la faculté des lettres
Studio l'inglese all'università	J'étudie l'anglais à l'université
La prossima volta	La prochaine fois
Devo andare a lezione	Je dois aller en cours
La tua lettera mi fa sorridere	Ta lettre me donne le sourire
Sembri una brava ragazza	Tu as l'air d'une fille très sympathique
Campo di studi	Filière d'études
Lezioni di cucina	Cours de cuisine
Denis è un buon cuoco	Denis est un cordon bleu
È un po 'indisciplinato	Il est un peu turbulent
Come vedi	Comme tu le vois
Abbiamo undici anni di differenza	Nous avons onze ans d'écart
Mi piace	Je l'apprécie
Mi prendo cura di lui	Je m'occupe de lui
Per adesso	Pour l'instant
Obbiettivo	But
Finire la scuola superiore	Finir le lycée
Devo solo ...	Je dois juste…
Vado a letto	Je vais aller me coucher
Non mi sento bene	Je ne me sens pas bien
Ho l'influenza	J'ai la grippe
Mia madre mi porta dal dottore domani	Ma mère m'emmène chez le médecin demain
Per fortuna	Heureusement
Posso riposare	Je peux me reposer

Spero che tu ti senta meglio presto	Je te souhaite un bon rétablissement
Augurami buona fortuna	Souhaite-moi bonne chance
Sta affittando un appartamento	Elle loue un appartement
Chiederti come stai	Demander de tes nouvelles
Morto	Décédé
Funerale	Obsèques
Non sono dell'umore giusto per ...	Je n'ai pas la tête à…
Grazie per esserti preoccupata di me	Merci de t'inquiéter pour moi
Mi scalda il cuore	Cela me fait chaud au cœur
Ho un esame di matematica domani	J'ai un contrôle de mathématiques demain
Mi manca	Il me manque
Festa dei lavoratori	Fête du travail
Vacanza	Jour férié
Ti sto allegando una mia foto a questa lettera	Je joins une photo de moi à cette lettre
Bellissima	Ravissante
Vestito	Jupe
Camicetta	Chemisier
Timida	Timide
Cagnolino	Chien de salon
Dolce	Doux
Agenda	Agenda
Non importa	Ce n'est pas grave
Carina	Mignon
Peli di gatto	Poils de chat
Si è fatto male	Il s'est blessé
Stare attento	Fait attention
Spero che stia bene	J'espère qu'il va bien
Più veloce	Rapide
Hai ragione	Tu as raison

A proposito   D'ailleurs

Histoire 8: Correspondantes

Le professeur de français de Judy lui donne les **coordonnées** d'une jeune fille. Cette jeune fille habite à l'étranger. Elle s'appelle Fabienne. Judy lui envoie une première lettre :

« Marseille, le 14 janvier 2002

Bonjour Fabienne,

Je m'appelle Judy. J'aimerais bien correspondre avec toi. Je suis une jeune fille de dix-huit ans. J'habite en France. Je souhaiterais faire ta connaissance.

Judy Laroche. »

Quelques jours plus tard, Judy reçoit une réponse de Fabienne.

« Tananarive, le 22 janvier 2002

Bonjour Judy,

*J'ai bien reçu ta lettre. **Je suis très contente de faire ta connaissance**. Et je suis ravie d'être ta correspondante. Je te souhaite une bonne et heureuse année. Je me présente, je m'appelle Fabienne et j'ai dix-neuf ans. **Je suis étudiante en première année à la Faculté de Lettres. J'étudie l'anglais à l'université**. **La prochaine fois**, j'écrirai une lettre plus longue. **Je dois aller en cours**.*

Dans l'attente de te lire,

Fabienne, ta nouvelle amie. »

« Marseille, le 1ᵉʳ février 2002

Bonjour Fabienne,

***Ta lettre me donne le sourire**. Je te remercie. **Tu as l'air d'une fille très sympathique**. Je me présente à mon tour. Comme tu le sais, je m'appelle Judy. Je suis en première au lycée. Et j'habite chez mes parents. J'ai un grand frère. Il* *s'appelle Denis et nous sommes très proches. Denis a terminé le lycée l'année dernière. Je ne sais pas quelle **filière d'études** il va choisir. En ce moment, il suit des **cours de cuisine**. Il est doué. **Denis est un cordon bleu.** Nous aimons cuisiner des plats ensemble. C'est mon frère qui prépare le repas à la maison. Et moi, je l'aide. Et toi, as-tu des frères et sœurs ? Es-tu proche d'eux ?*

Bonne journée,

Judy. »

« Tananarive, le 11 février 2002

Salut Judy !

*Oui, j'ai un petit frère. Il s'appelle Nathan. Il a huit ans et il est à l'école primaire. Il adore le football. **Il est un peu turbulent.** Je ne passe pas beaucoup de temps avec Nathan. **Comme tu le vois, nous avons onze ans d'écart.** Mais **je l'apprécie. Je m'occupe de lui** lorsque nos parents sont absents. Tu aimes beaucoup ton frère. Tu parles beaucoup de lui. J'aime bien ta relation avec ton frère. En plus, il aime cuisiner pour sa famille. Et toi, quelle est ta passion ? **Parle-moi un peu plus de toi.***

Fabienne. »

« Marseille, le 16 février 2002

Salut Fabienne,

*Ma passion ? Je ne sais pas... **Pour l'instant**, mon **but** est de **finir le lycée**. Tu sais, j'ai redoublé une fois au collège, et une fois au lycée. Je ne néglige pas mes études. **Je dois juste** travailler dur pour réussir mes études.*

*Je te dis à bientôt. Il est dix-huit heures chez nous. **Je vais aller me coucher. Je ne me sens pas bien. J'ai la grippe.***

*Ma mère m'emmène chez le médecin demain. **Heureusement**, on est vendredi. Je peux me reposer.*

Judy. »

« Tananarive, le 25 février 2002

Bonjour Judy,

***Je te souhaite un bon rétablissement.** On est le 25 février. J'espère que depuis ta dernière lettre, tu es guérie. **Souhaite-moi bonne chance.** Je prépare des examens en ce moment.*

À bientôt,

Fabienne. »

« Paris, le 1ᵉʳ mars 2002

Salut Fabienne,

*Oui, je suis déjà guérie. C'est les vacances. Je t'écris de la ville de Paris. Je rends visite à ma cousine Mélanie. Elle habite à Paris. **Elle loue un appartement.** Et elle est étudiante en anglais, comme toi. Je rentre à Marseille le 7 mars. J'ai encore beaucoup de devoirs de vacances à terminer pour la rentrée. Bonne chance pour tes examens !*

Judy. »

« Marseille, le 15 avril 2002

Bonjour Fabienne,

*Cela fait un moment que tu n'as pas écrit. J'espère que tu vas bien. Je t'envoie cette lettre pour **demander de tes nouvelles.***

Judy. »

« Tananarive, ce 23 avril 2002

Bonjour Judy,

     *Je suis désolée pour ce silence prolongé. Ces derniers temps, **je n'ai pas la tête à** écrire. Un malheureux évènement s'est produit. Le frère aîné de mon père est **décédé**. C'était mon oncle préféré. J'ai été très occupée par les **obsèques**. En même temps, j'ai aussi passé des examens. En tout cas, je te remercie pour ta lettre. **Merci de t'inquiéter pour moi. Cela me fait chaud au cœur.** Tu es vraiment une bonne amie. J'espère que tu vas bien.*

Bises,

Fabienne. »

« Marseille, ce 27 avril 2002

Chère Fabienne,

     *Je vous adresse mes sincères condoléances, à toi et à ta famille. **J'ai un contrôle de mathématiques demain.** Je suis en train de réviser. Denis est absent. **Il me manque.** La maison est un peu silencieuse. As-tu réussi tes examens ?*

À bientôt !

Judy. »

« Tananarive, ce 1er mai 2002

Chère Judy,

     *C'est la **fête du travail** aujourd'hui. Je profite de ce **jour férié** pour t'écrire. J'ai réussi mes examens. J'ai eu mon diplôme. Mes parents en sont très contents. Quelle est ta date d'anniversaire ? Ma date d'anniversaire est le 6 septembre. **Je joins une photo de moi à cette lettre.***

À bientôt,

Fabienne. »

« *Marseille, ce 7 mai 2002*

Bonjour Fabienne,

*Tu es **ravissante** sur la photo. J'aime bien ta **jupe** et ton **chemisier**. Excuse-moi. Je ne t'envoie pas ma photo. Je suis un peu **timide**. Et je ne suis pas photogénique. Je t'envoie la photo de mon chien. C'est la première fois que je te parle de lui. C'est un **chien de salon**. Il s'appelle Coton. Il est très **doux**. Tu es née le 6 septembre ? Je note cette date dans mon **agenda**. Je vais acheter un cadeau pour toi le jour de ton anniversaire. Quelle est ta couleur préférée ? Ma couleur préférée est le violet. Ma date d'anniversaire est le 17 novembre.*

Bises,

Judy. »

« *Tananarive, ce 12 mai 2002*

Salut Judy !

*Ce n'est pas grave si tu n'envoies pas ta photo. Coton est un chien très **mignon**. Mais je suis allergique aux poils de chien et aux **poils de chat**. Ma couleur préférée est le bleu. Je vais aller m'occuper de mon petit frère. **Il s'est blessé**.*

À bientôt !

Fabienne. »

« *Marseille, ce 17 mai 2002*

Bonsoir Fabienne,

*Dis à ton petit frère de **faire attention**. **J'espère qu'il va bien**. As-tu une adresse mail, Fabienne ? C'est plus pratique de communiquer par courrier électronique. C'est plus **rapide**. On perd moins de temps. Voici mon adresse mail : judy.dubois2002@monmail.com.*

À bientôt !

Judy. »

« Tananarive, ce 25 mai 2002

Bonsoir Judy,

*Je viens de créer une adresse e-mail. **Tu as raison**. Les e-mails sont plus pratiques. **D'ailleurs**, je viens de t'envoyer un e-mail. Mon adresse e-mail est dans cet e-mail.*

À bientôt !

Fabienne. »

Storia 9: Una passione per la scrittura

Cyril Deguimond è un **rinomato** scrittore. **È autore di quattordici romanzi pubblicati. È famoso in tutto il mondo.** Cyril ha scritto principalmente **romanzi fantastici, gialli** e thriller. Cyril è un **autore famoso. Vende molti libri in tutto il mondo.** Cyril ha appena pubblicato il suo quattordicesimo romanzo.

Un **editore della** stampa scritta lo contatta per telefono. Carine vuole intervistarlo. Lei gli chiede di **concedere un'intervista.** Cyril le dà un appuntamento a casa sua venerdì pomeriggio.

Venerdì mattina, Carine prepara l'intervista. Prende una penna a sfera e un **blocco note. Va su Internet** per leggere di Cyril Deguimond. Scrive le domande per lui. Il **cellulare di** Carine squilla. **Prende il telefono**:

- Ciao!
- Ciao Carine, sono Christine.
- Ciao Christine! **Come va?**
- **Andiamocene questo fine settimana. Fai i bagagli.** Ci facciamo **un viaggio di tre giorni. Ti verrò a prendere tra due ore.**
- **Mi dispiace. Non posso venire.**
- Ma perché? **Non lavori il venerdì.**
- **Ho un appuntamento importante** oggi.
- Un **appuntamento romantico**?
- No, Christine. Sto intervistando Cyril Deguimond.
- Lo **scrittore** Cyril Deguimond? **Sei una ragazza molto fortunata** . Deguimond è il mio autore preferito. **Ho letto tutti i suoi libri.** Comprerò il suo nuovo romanzo oggi.
- **Gli chiederò un autografo.** Per te.
- Grazie!
- Oggi lavoro. Ma partiamo domani mattina.
- Va bene, **ci vediamo domani allora.**

- **Buona giornata**, Christine.
- Buona giornata anche a te, Carine!

Carine mette giù il telefono. Lei continua il suo lavoro. Alle tredici e mezza, Carine si prepara ad andarsene. Lei mette la sua penna, il suo taccuino, i **fazzoletti**, le sue **chiavi della macchina**, i suoi **occhiali da sole** e il suo cellulare nella borsa.

Alle quattordici e quindici, Carine arriva al **portone** della casa di Cyril. **Bussa** al campanello. Una **guardia di sicurezza** la saluta. Lui le chiede l'**identità**. Carine si presenta e mostra il suo distintivo. La guardia di sicurezza la invita ad entrare **all'interno della proprietà**. Accompagna la giovane donna nel soggiorno. **Lui la invita a sedersi** su una sedia. Quindi la guardia di sicurezza esce.

Dieci minuti dopo, Cyril Deguimond arriva nella stanza. **Carine si alza** per salutarlo. Cyril è un gran bell'uomo. Ha la **barba** ed è **affascinante. Indossa degli occhiali.**

- Salve sig. Deguimond. Lasci che mi presenti: mi chiamo Carine Dubois. Lavoro per la rivista *Flowery*. Sono un'editor per la stampa. E **sono felice di conoscerla.**
- Salve Signorina Dubois. **Sono molto contento di averla conosciuta.**
- **Può chiamarmi Carine.**
- **Ok,** Carine. **Fa troppo caldo qui. Andiamo in giardino.**

C'è un tavolo, con sedie e ombrellone nel giardino. Carine e Cyril si siedono.

- Sig. Cyril Deguimond, **grazie per avermi accolta a casa sua.** Ha una villa bellissima.
- Grazie, Carine. Iniziamo l'intervista. **Ho una giornata abbastanza impegnativa.**
- Va bene. Registro la nostra conversazione sul mio smartphone.

- **Evitiamo** domande troppo intime, per favore. **Non mi piace molto parlare della mia vita privata.**
- Certo, capisco. Quindi, Cyril Deguimond, **ci parli del suo ultimo romanzo.**
- È la storia di un alieno. Ha l'aspetto di un **essere umano. L'essere vivente sembra una donna anziana.** Ha dei **superpoteri.** Arriva sul nostro pianeta. Finisce per diventare il **testimone di un omicidio. Un agente di polizia deve indagare con lui a riguardo.**
- Affascinante. Qual'è il titolo del libro?
- "Illusioni".
- **Quanto tempo impiega** a scrivere un romanzo?
- **Tra** i quattro e i ventiquattro mesi.
- **Ha il corpo di un atleta,** Cyril Deguimond. **Pratica sport?**
- **In effetti,** sì.
- **Quali sport pratica?**
- Sto facendo un po' di jogging.
- **Le piace leggere?**
- **Sì, naturalmente.**
- **Cosa le piace leggere,** Cyril Deguimond?
- **Un po' di tutto. Mi aiuta** ad avere l'ispirazione.
- A parte lettura, sport e scrittura, quali sono gli altri suoi hobby?
- **Mi piace passare del tempo con la mia famiglia. Adoro andare a pesca con mio fratello e mia nipote.**
- Chi sono i suoi autori preferiti?
- I miei autori preferiti sono Stephen King e Agatha Christie.
- Stai scrivendo un nuovo romanzo in questo momento?
- **Non ancora. Ho intenzione di fare una vacanza.**

- I suoi **lettori** hanno delle domande per lei. Sto per farle le più interessanti.
- Va bene. La ascolto.
- **Le capita di avere il blocco dello scrittore?**
- **A volte mi capita.**
- **Cosa fa quando succede?**
- **Mi prendo una pausa.** Cammino. Mangio del **gelato** con mia nipote. Chiacchiero con lei. Vado in **campagna... mi rilasso.**
- Pensa di scrivere storie d'amore?
- No.
- Grazie per questa intervista, Cyril Deguimond.
- È un piacere. **Grazie per essere venuta.** Le offro una copia del mio ultimo romanzo.
- Oh! Grazie mille!

Cyril sorrise.

- Cyril Deguimond, **può firmare il libro per Christine**, per favore?
- Certo, naturalmente. Chi è Christine?
- Christine Dubois è mia sorella maggiore. Ama i suoi romanzi.

Cyril scrive sulla prima pagina del libro. Carine lo ringrazia e torna a casa.

Il giorno dopo, Carine offre il libro a sua sorella. Christine è **entusiasta**. Prendono la macchina e vanno in vacanza per il weekend.

Vocabulaire

Scrittura	Écriture
Rinomato	Renommé
È autore di quattordici romanzi pubblicati	Il a quatorze romans publiés à son actif
È famoso in tutto il mondo	L'auteur est connu internationalement
Romanzi fantastici	Roman(s) fantastique(s)
Gialli	Romans policiers
Autore famoso	Écrivain célèbre
Vende molti libri	Il vend beaucoup de livres
Copie	Exemplaires
In tutto il mondo	Partout au monde
Un editore	Une rédactrice
Concedere un'intervista	Accorder une interview
Blocco note	Bloc notes
Va su Internet	Elle surfe sur Internet
Penna a sfera	Stylo à bille
Cellulare	Téléphone portable
Prende il telefono	Elle décroche le téléphone
Come va	Quoi de neuf ?
Andiamocene questo fine settimana	Nous partons en week-end
Fai i bagagli	Prépare tes valises
È un viaggio di tre giorni	Nous partons pour trois jours
Ti verrò a prendere tra due ore	Je passe te prendre dans deux heures
Mi dispiace	Je suis désolé(e)
Non posso venire	Je ne peux pas partir
Non lavori il venerdì	Tu ne travailles pas le vendredi
Ho un appuntamento importante	J'ai un rendez-vous important
Un appuntamento romantico	Un rendez-vous galant

Scrittore	Écrivain
Sei una ragazza molto fortunata	Tu es une sacrée veinarde
Ho letto tutti i suoi libri	J'ai lu tous ses livres
Gli chiederò un autografo	Je vais lui demander un autographe
Ci vediamo domani allora	Je te dis à demain, alors
Buona giornata	Passe une bonne journée
Carine mette giù il telefono	Carine raccroche le téléphone
Fazzoletti	Mouchoir
Chiavi della macchina	Clés de voiture
Occhiali da sole	Lunettes de soleil
Portone	Portail
Bussare (bussa…)	Appuyer (elle appuie…)
Guardia di sicurezza	Agent de sécurité
All'interno della proprietà	Dans l'enceinte de la propriété
Lui la invita a sedersi	Il l'invite à s'asseoir
Carine si alza	Carine se lève
Barba	Barbe
Affascinante	Charmant
Indossa occhiali	Il porte des lunettes
Sono felice di conoscerla	Je suis ravie de vous rencontrer
Sono molto contento di averti conosciuto	Je suis enchanté de vous connaître
Può chiamarmi Carine	Vous pouvez m'appeler Carine
Ok	D'accord
Fa troppo caldo qui	Il fait trop chaud ici
Andiamo in giardino	Allons dans le jardin
Grazie per avermi accolta a casa sua	Merci de m'accueillir chez vous
Ho una giornata abbastanza impegnativa	J'ai une journée assez chargée
Evitare	Éviter
Non mi piace molto parlare della mia vita privata	Je n'aime pas tellement parler de ma vie privée

Ci parli del tuo ultimo romanzo	Parlez-nous de votre dernier roman
Essere umano	Être humain
L'essere vivente sembra una donna anziana	L'être vivant ressemble à une vieille femme
Superpoteri	Super pouvoirs
È testimone di un omicidio	Il est témoin d'un meurtre
Un poliziotto deve indagare con lui sull'omicidio (a riguardo)	Un policier enquête avec lui sur le meurtre
Quanto tempo impiega...	Combien de temps…
Tra	Entre
Ha il corpo di un atleta	Vous avez un corps d'athlète
Pratica sport?	Faites-vous du sport ?
In effetti	En effet
Quali sport pratica?	Quel sport pratiquez-vous ?
Le piace leggere	Aimez-vous lire ?
Sì, naturalmente	Oui, bien sûr
Cosa le piace leggere?	Qu'aimez-vous lire ?
Un po' di tutto	Un peu de tout
Mi aiuta	Cela m'aide
Mi piace passare del tempo con la mia famiglia	J'aime passer du temps avec ma famille
Adoro andare a pescare con mio fratello e mia nipote nièce	J'aime aller à la pêche avec mon frère et ma nièce
Non ancora	Pas encore
Ho intenzione di fare una vacanza	Je vais prendre des vacances
Lettori	Lecteurs
Le capita di avere il blocco dello scrittore?	Avez-vous le syndrome de la page blanche ?
A volte mi capita	Cela m'arrive parfois
Cosa fa quando succede?	Que faites-vous quand cela arrive ?
Mi prendo una pausa	Je prends une pause
Gelato	Glace

Campagna	Campagne
Mi rilasso	Je me détends
Grazie per essere venuta	Merci d'être venu(e)
Può firmare il libro per Christine?	Pouvez-vous dédicacer le livre à Christine ?
Entusiasta (F/M)	Folle de joie/fou de joie

Histoire 9: Une passion pour l'écriture

Cyril Deguimond est un **auteur renommé**. **Il a à son actif quatorze romans publiés**. **L'auteur est connu internationalement**. Cyril écrit principalement des **romans fantastiques**, des **romans policiers** et des thrillers. Il est un **écrivain célèbre**. **Il vend beaucoup de livres partout dans le monde**. Cyril vient de sortir son quatorzième roman.

Une rédactrice de presse écrite le contacte par téléphone. Carine souhaite l'interviewer. Elle lui demande de lui **accorder une interview**. Cyril lui donne rendez-vous chez lui le vendredi après-midi.

Vendredi matin, Carine prépare l'interview. Elle prend **un stylo à bille** et un **bloc-notes**. **Elle surfe sur Internet** pour lire des informations sur Cyril Deguimond. Elle écrit les questions à poser à Cyril. Le **téléphone portable** de Carine sonne. **Elle décroche le téléphone** :

- Allô !
- Allô Carine, c'est Christine.
- Salut Christine ! **Quoi de neuf ?**
- **Nous partons en week-end. Prépare tes valises. Nous partons pour trois jours. Je passe te prendre dans deux heures.**
- **Je suis désolée. Je ne peux pas partir.**
- Mais pourquoi ? **Tu ne travailles pas le vendredi.**
- **J'ai un rendez-vous important** aujourd'hui.
- Un **rendez-vous galant** ?
- Non, Christine. Je vais interviewer Cyril Deguimond.
- **L'écrivain** Cyril Deguimond ? **Tu es une sacrée veinarde. Deguimond est mon auteur préféré. Je lis tous ses livres.** Je vais acheter son nouveau roman aujourd'hui.
- **Je vais lui demander un autographe.** Pour toi.
- Merci !
- Je travaille aujourd'hui. Mais partons demain matin.

- D'accord, **je te dis à demain alors.**
- **Passe une bonne journée**, Christine.
- Bonne journée à toi aussi, Carine !

Carine raccroche le téléphone. Elle continue son travail. À treize heures trente, Carine se prépare pour partir. Elle met son stylo, son bloc-notes, son **mouchoir**, ses **clés de voiture**, ses **lunettes de soleil** et son téléphone portable dans son sac.

À quatorze heures quinze, Carine arrive devant le **portail** de la maison de Cyril. **Elle appuie** sur la sonnette. Un **agent de sécurité** l'accueille. Il lui demande son **identité.** Carine se présente et montre son badge. L'agent de sécurité l'invite à entrer **dans l'enceinte de la propriété.** Il accompagne la jeune femme dans le salon. **Il l'invite à s'asseoir** sur une chaise. Puis, l'agent de sécurité sort.

Dix minutes plus tard, Cyril Deguimond arrive dans le salon. **Carine se lève** pour le saluer. Cyril est un grand homme. Il a une **barbe** et il est **charmant. Il porte des lunettes.**
- Bonjour, monsieur Deguimond. Je me présente : je m'appelle Carine Dubois. Je travaille pour le magazine « Fleuris ». Je suis rédactrice de presse. Et **je suis ravie de vous rencontrer.**
- Bonjour, mademoiselle Dubois. **Je suis enchanté de vous connaître.**
- **Vous pouvez m'appeler Carine.**
- **D'accord**, Carine. **Il fait trop chaud ici. Allons dans le jardin.**

Il y a une table, des chaises et un parasol dans le jardin. Carine et Cyril s'assoient.

- Monsieur Cyril Deguimond, **merci de m'accueillir dans votre maison.** Vous avez une très belle villa.
- Merci, Carine. Commençons l'interview. **J'ai une journée assez chargée.**

- D'accord. J'enregistre notre conversation sur mon smartphone.
- **Évitez** les questions trop intimes, s'il vous plaît. **Je n'aime pas tellement parler de ma vie privée.**
- D'accord, je comprends. Alors, Cyril Deguimond, **parlez-nous de votre dernier roman.**
- C'est l'histoire d'un extraterrestre. Il a l'apparence d'un **être humain. L'être vivant ressemble à une vieille femme.** Il a des **super pouvoirs.** Il arrive sur notre planète. Puis, il est **le témoin d'un meurtre. Un policier enquête avec lui sur le meurtre.**
- C'est fascinant. Quel est le titre du livre ?
- « Illusions ».
- **En combien de temps** écrivez-vous un roman ?
- Cela varie **entre** quatre et vingt-quatre mois.
- **Vous avez un corps d'athlète,** Cyril Deguimond. **Faites-vous du sport ?**
- **En effet**, oui.
- **Quel sport pratiquez-vous ?**
- Je fais du jogging.
- **Aimez-vous lire ?**
- **Oui, bien sûr.**
- **Qu'aimez-vous lire,** Cyril Deguimond **?**
- **Un peu de tout. Cela m'aide** à avoir de l'inspiration.
- À part la lecture, le sport et l'écriture, quels sont vos loisirs ?
- **J'aime passer du temps avec ma famille. J'aime aller à la pêche avec mon frère et ma nièce.**
- Qui sont vos auteurs préférés ?
- Mes auteurs préférés sont Stephen King et Agatha Christie.
- Écrivez-vous un nouveau roman en ce moment ?
- **Pas encore. Je vais prendre des vacances.**
- Vos **lecteurs** ont des questions pour vous. Je vous pose les questions les plus intéressantes.
- D'accord. Je vous écoute.

- **Avez-vous le syndrome de la page blanche ?**
- **Cela m'arrive parfois.**
- **Que faites-vous quand cela vous arrive ?**
- **Je prends une pause.** Je me promène. Je mange une **glace** avec ma nièce. Je bavarde avec ma nièce. Je vais à la **campagne**… **Je me détends.**
- Pensez-vous écrire de la romance ?
- Non.
- Merci pour cette interview, Cyril Deguimond.
- C'est un plaisir. **Merci d'être venue.** Je vous offre un exemplaire de mon dernier roman.
- Oh ! Merci beaucoup, monsieur !

Cyril sourit.

- Cyril Deguimond, **pouvez-vous dédicacer le livre pour Christine**, s'il vous plaît ?
- Oui, bien sûr. Qui est Christine ?
- Christine Dubois est ma grande sœur. Elle adore vos romans.

Cyril écrit sur la première page du livre. Carine le remercie et rentre chez elle.

Le lendemain, Carine offre le livre à sa sœur. Christine est **folle de joie**. Elles prennent la voiture et partent en week-end.

Storia 10: Una Serata tra Amici

John: Ciao!
Martin: Ciao John! Come stai?
John: Bene, grazie. E tu?
Martin: Bene.
John: **Che fai stasera?**
Martin: **Rimarrò a casa**, perché?
John: Sei invitato al ristorante stasera, tu, Augustin e Carla.
Martin: Va bene. **Come mai?**
John: **Ho un annuncio molto speciale da fare.**
Martin: Qual è la novità?
John: Sii paziente, te lo dico stasera.
Martin: Va bene!
John: Al ristorante "Feed" stasera alle otto in punto.
Martin: Ok! Ci vediamo stasera!

John: Ciao! Ciao Carla!
Carla: Ciao John!
John: **Dove sei?**
Carla: A lavoro.
John: **A che ora finisci di lavorare?**
Carla: Verso le sei. Perché?
John: **Vuoi uscire stasera?**
Carla: No grazie. Sono stanca. Vado a casa a dormire stasera.
John: No, non dormirai. Stasera andiamo al ristorante.
Carla: Me e te?
John: No, siamo in quattro, con Augustin e Martin.
Carla: Ma **non ho tanti soldi** adesso.
John: **Non preoccuparti. Sono io che ti invito**.
Carla: Grazie. Ma **mi metti un po' a disagio**
John: Dai, Carla. **Ho qualcosa di importante da dirti**. A te e agli altri.
Carla: **È una bella notizia?**
John: Sì, è una bella notizia.
Carla: Mi hai incuriosito. Ok, vengo al ristorante con te stasera.
John: Grazie Carla! Ci vediamo stasera allora! Al ristorante "Feed" alle venti in punto. **Non tardare.**

John: Ciao Augustin!
Augustin: Ciao John!
John: **Sei libero stasera?**
Augustin: Sì, è venerdì. Mi piacerebbe uscire stasera, per rilassarmi.
John: Perfetto. Ti vengo a prendere alle sette e un quarto. **Carla e Martin ci aspettano** al ristorante alle otto in punto.

Carla ritorna alle sei e dieci. Fa una doccia e indossa un **vestito lungo** blu. Arriva al ristorante alle diciannove e cinquanta. John, Augustin e Martin arrivano cinque minuti dopo. John va alla reception.

John: Buonasera signora!
Suzie: Buona sera signore, **cosa posso fare per lei?**
John: **Possiamo avere un tavolo per la cena,** per favore**?**
Suzie: Sì, naturalmente. **Avete una prenotazione?**
John: No, non abbiamo prenotato.
Suzie: **Il vostro tavolo sarà pronto in pochi minuti.**
John: Grazie signora.
Carla: **Potremmo avere un tavolo vicino alla finestra**, per favore?
Suzie: Ovviamente!

Sette minuti dopo, un cameriere chiama i **quattro giovani.**

Jimmy: Il vostro tavolo è pronto. **Seguitemi, gentilmente.**

John, Carla, Martin e Augustin si siedono al loro tavolo.

Jimmy: Buonasera signore e signori. Mi chiamo Jimmy. Sarò io a servirvi questa sera.

Jimmy dà **i menu** ai giovani.
Jimmy: **Preferireste qualcosa da bere prima?**
John: Sì, vorremmo una bottiglia del vostro miglior champagne, per cortesia.

Jimmy porta una bottiglia di champagne.

Martin: Quindi, John. Qual è questa grande notizia che devi darci?

John: **Divertiamoci un po. Vi farò indovinare.**

Carla: Ti sposerai.

John: No.

Carla: **Avrai un bambino.**

John: No.

Martin: Lavorerai all'estero.

John: No.

Augustin: **Hai ottenuto un aumento.**

John: No.

Carla: Diventerai **sacerdote.**

John: No.

Martin: Cambierai carriera!

Carla: E diventerai una rockstar!

John: No e no. Carla **sei divertente**. E hai molta immaginazione.

Augustin: Hai ereditato una **grande fortuna!**

John: No, ma è quasi così, Augustine! **Va bene, ve lo dirò. Ho vinto la lotteria!**

Augustin, Martin e Carla: Veramente?

John: Sì, **non sto scherzando**. Ho davvero vinto la lotteria!

Martin: **Quanto hai vinto?**

John: **Tengo questa informazione per me.** Ma ve li godrete tutti questi soldi!

Carla: Perché e come?

John: Perché siete i miei migliori amici. **Siete sempre lì a sostenermi** sia nei **tempi buoni che in quelli cattivi**. Andremo in vacanza insieme per due settimane. **Pagherò io tutte le spese.**

Martin: Sei serio, John?

John: Sì!

Augustin: Ma lo sai, **non devi farlo.**

John: **Ma voglio farlo. Non dovete essere imbarazzati.** Vorrei ringraziarvi per la vostra sincera amicizia. **Chiamiamolo solo un regalo di ringraziamento.**

Carla: Grazie per averci regalato questo viaggio! Ci sono!

Augustin: Anche io.

John: E tu, Martin?

Martin: **Va bene, ci sto!**

John: Grazie miei cari amici!

Jimmy si avvicina al loro tavolo.

Jimmy: **Avete fatto la vostra scelta?**

Carla: **Vorrei della zuppa di pollo**, gentilmente.

Jimmy: E voi, signori?

Martin: Prenderò lo stesso.

Augustin: Vorrei un'insalata di pasta, per cortesia.

Jimmy: E lei, signore?

John: **Quali sono le offerte speciali di oggi?**

Jimmy: Risotto o gratin al formaggio.

John: Vorrei un gratin di formaggio, per cortesia.

Jimmy: Bene, signore. Desiderate altro?

Carla: Sì, vorrei una banana flambé come dessert, gentilmente.

Jimmy: E voi, signori, gradite un dolce?

John: No, grazie.

Augustin: No, per me niente dessert.

Martin: Neanche per me.

Jimmy si allontana. Quindici minuti dopo, ritorna coi **piatti ordinati**.

Jimmy: Buon appetito! Se volete ordinare altro, non esitate a chiamarmi.

I quattro giovani ringraziano il cameriere e iniziano a mangiare. Durante la cena, **parla Augustin**.

Augustin: **Brindiamo all'amicizia!**

Più tardi, Jimmy porta il dolce di Carla. Quindi i quattro amici discutono della loro prossima vacanza per un'ora. John chiede il **conto**. Lo paga. Quindi lascia il ristorante coi suoi amici. John lascia una generosa **mancia** al cameriere.

Augustin: **Allora, dove andiamo ora?**

Carla: **Sono molto stanca**. Vado a casa. Buonanotte ragazzi!

John: Grazie! Buonanotte Carla!

Martin: Anch'io andrò a casa. Lavoro domani. A presto!

John e Augustin: Notte, Martin!

Augustin: **Ora siamo gli unici rimasti**, John. Qual è il programma stasera?

John: Ho il DVD di un film uscito da poco. Possiamo andare a casa e guardarlo insieme.

Augustin: Ci sto!

Vocabulaire

Che fai stasera?	Que fais-tu ce soir ?
Rimarrò a casa	Je reste chez moi
Come mai?	Qu'est-ce qui se passe ?
Ho un annuncio molto speciale da fare	J'ai une grande nouvelle à vous annoncer
Ci vediamo stasera!	À ce soir
Dove sei?	Où es-tu ?
A che ora finisci di lavorare?	À quelle heure finis-tu le travail ?
Vuoi uscire stasera?	Veux-tu sortir ce soir ?
Non ho tanti soldi	Mais je n'ai pas trop d'argent
Non preoccuparti	Ne t'inquiète pas
Sono io che ti invito	C'est moi qui t'invite
Mi metti un po' a disagio	Mais cela me gêne un peu
Ho qualcosa di importante da dirti	J'ai quelque chose d'important à vous dire
È una bella notizia?	Est-ce une bonne nouvelle ?
Non tardare	Ne sois pas en retard
Sei libero stasera?	Es-tu libre ce soir ?
Aspettare (Carla e Martin ci aspettano)	Attendre (Carla et Martin nous attendent)
Vestito lungo	Robe longue
Cosa posso fare per lei?	Que puis-je faire pour vous ?
Possiamo avere un tavolo per la cena?	Peut-on avoir une table pour dîner ?
Avete una prenotazione?	Avez-vous une réservation ?
Il vostro tavolo sarà pronto in pochi minuti	Votre table sera prête d'ici quelques minutes
Potremmo avere un tavolo vicino alla finestra?	Pourrions-nous avoir une table près de la fenêtre ?
Quattro giovani	Quatre jeunes gens
Seguitemi, gentilmente	Si vous voulez bien me suivre
I menu	La carte

Preferireste qualcosa da bere prima?	Voulez-vous un apéritif ?
Divertiamoci un po '	Amusons-nous un peu
Vi farò indovinare	Je vous laisse deviner
Avrai un bambino	Tu vas avoir un enfant
Hai ottenuto un aumento	Tu as eu une augmentation de salaire
Sacerdote	Prêtre
Sei divertente	Tu es drôle
Grande fortuna	Grosse fortune
È quasi così	C'est presque ça
Va bene, ve lo dirò	Bon, je vais vous le dire
Ho vinto la lotteria!	J'ai gagné au loto !
Non sto scherzando	Ce n'est pas une blague
Quanto hai vinto?	Combien as-tu gagné ?
Tengo questa informazione per me	Je garde cette information pour moi
Siete sempre lì a sostenermi	Vous êtes toujours là pour me soutenir
Tempi buoni che in quelli cattivi	Beaux et mauvais moments
Pagherò io tutte le spese	Je prends en charge toutes les dépenses
Non devi farlo	Tu n'es pas obligé de faire cela
Ma voglio farlo	Mais je le veux
Non dovete essere imbarazzati	Ne soyez pas gênés
Chiamiamolo solo un regalo di ringraziamento	Prenez cela comme un cadeau de remerciement
Va bene, ci sto	D'accord, je suis partant !
Avete fatto la vostra scelta?	Est-ce que vous avez choisi ?
Vorrei della zuppa di pollo	Je voudrais une soupe de poulet
Quali sono le offerte speciali di oggi?	Quels sont les plats du jour ?
Piatto(i) ordinato(i)	Plat(s) commandé(s)
Parla Augustin	Augustin prend la parole

Brindiamo all'amicizia	Levons nos verres à l'amitié !
Conto	Addition
Mancia	Pourboire
Allora, dove andiamo ora?	Alors, où allons-nous maintenant?
Sono molto stanca	Je suis à bout de forces
Ora siamo gli unici rimasti	Maintenant, il ne reste plus que nous

Histoire 10: Une soirée entre amis

John : Allô !

Martin : Allô, John ! Comment vas-tu ?

John : Je vais bien, merci. Et toi, comment vas-tu ?

Martin : Je vais bien.

John : **Que fais-tu ce soir ?**

Martin : **Je reste chez moi**, pourquoi ?

John : Je vous invite au restaurant ce soir, toi, Augustin et Carla.

Martin : D'accord. **Qu'est-ce qui se passe ?**

John : **J'ai une grande nouvelle à vous annoncer.**

Martin : Quelle est la nouvelle ?

John : Sois patient, je l'annonce ce soir.

Martin : D'accord !

John : Au restaurant « Feed », ce soir à vingt heures.

Martin : Ok ! À ce soir !

John : Allô ! Salut, Carla !

Carla : Salut, John !

John : **Où es-tu ?**

Carla : Au travail.

John : **À quelle heure finis-tu le travail ?**

Carla : Vers dix-huit heures. Pourquoi ?

John : **Veux-tu sortir ce soir ?**

Carla : Non, merci. Je suis fatiguée. Je rentre et je dors ce soir.

John : Non, tu ne vas pas dormir. Nous allons au restaurant ce soir.

Carla : Toi et moi ?

John : Non, nous sommes quatre, avec Augustin et Martin.

Carla : **Mais je n'ai pas trop d'argent** en ce moment.

John : **Ne t'inquiète pas. C'est moi qui t'invite.**

Carla : Je te remercie. **Mais cela me gêne un peu.**

John : S'il te plaît, Carla. **J'ai quelque chose d'important à vous dire**. À toi et les autres.

Carla : **Est-ce une bonne nouvelle ?**

John : Oui, c'est une très bonne nouvelle.

Carla : Tu m'intrigues. D'accord, je viens au restaurant avec vous ce soir.

John : Merci, Carla ! À ce soir, alors ! Au restaurant « Feed » à vingt heures. **Ne sois pas en retard.**

John : Allô, Augustin !

Augustin : Bonjour, John !

John : **Es-tu libre ce soir ?**

Augustin : Oui, c'est vendredi. J'aimerais bien sortir ce soir pour me détendre.

John : D'accord. Je passe te prendre à dix-neuf heures quinze. **Carla et Martin nous attendent** au restaurant à vingt heures.

Carla rentre à dix-huit heures cinq. Elle prend une douche et met une **robe longue** bleue. Elle arrive au restaurant à dix-neuf heures cinquante. John, Augustin et Martin arrivent cinq minutes plus tard. John se dirige vers l'accueil.

John : Bonsoir, madame !

Suzie : Bonsoir, monsieur, **que puis-je faire pour vous ?**

John : **Peut-on avoir une table pour dîner, s'il vous plaît ?**

Suzie : Oui, bien sûr. **Avez-vous réservé ?**

John : Non, nous n'avons pas réservé.

Suzie : **Votre table sera prête d'ici quelques minutes**.

John : Merci, madame.

Carla : **Pourrions-nous avoir une table près de la fenêtre**, s'il vous plaît ?

Suzie : Bien sûr !

Sept minutes plus tard, un serveur appelle les **quatre jeunes gens**.

Jimmy : Votre table est prête. **Si vous voulez bien me suivre.**

John, Carla, Martin et Augustin s'installent à leur table.

Jimmy : Bonsoir, mademoiselle, messieurs. Je m'appelle Jimmy. Je suis votre serveur pour ce soir.

Jimmy donne la **carte des menus** aux jeunes gens.

Jimmy : **Voulez-vous un apéritif ?**

John : Oui, nous voudrions une bouteille de votre meilleur champagne, s'il vous plaît.

Jimmy apporte une bouteille de champagne.

Martin : Alors, John. Quelle est cette grande nouvelle que tu vas nous annoncer ?

John : **Amusons-nous un peu. Je vous laisse deviner.**

Carla : Tu vas te marier.

John : Non.

Carla : **Tu vas avoir un enfant.**

John : Non.

Martin : Tu vas travailler à l'étranger.

John : Non.

Augustin : **Tu as eu une augmentation de salaire.**

John : Non.

Carla : Tu vas devenir **prêtre**.

John : Non.

Martin : Tu changes de carrière !

Carla : Et tu vas devenir une rock star !

John : Non et non. Carla, **tu es drôle**. Et tu as beaucoup d'imagination.

Augustin : Tu as hérité d'une **grosse fortune** !

John : Non, mais c'est presque ça, Augustin ! **Bon, je vais vous le dire. J'ai gagné au loto !**

Augustin, Martin et Carla : Vraiment ?

John : Oui, **je ne blague pas**. J'ai vraiment gagné au loto !

Martin : **Combien as-tu gagné ?**

John : **Je garde cette information pour moi.** Mais vous allez tous profiter de cet argent !

Carla : Pourquoi et comment ?

John : Parce que vous êtes mes meilleurs amis. **Vous êtes toujours là pour me soutenir** dans les **bons et mauvais moments**. Nous allons partir en vacances ensemble pour deux semaines. **Je prends en charge toutes les dépenses.**

Martin : Tu es sérieux, John ?

John : Oui !

Augustin : Mais tu sais, **tu n'es pas obligé de faire cela.**

John : **Mais j'en ai envie. Ne soyez pas gênés.** J'aimerais vous remercier pour votre amitié sincère. **Prenez cela comme un cadeau de remerciement.**

Carla : Merci à toi de nous offrir ce voyage ! Je suis partante !
Augustin : Moi aussi.
John : Et toi, Martin ?
Martin : **D'accord, je suis partant !**
John : Merci, mes chers amis !

Jimmy s'approche de leur table.
Jimmy : **Est-ce que vous avez choisi ?**
Carla : **Je voudrais une soupe de poulet,** s'il vous plaît.
Jimmy : Et vous, messieurs ?
Martin : Je prendrai le même.
Augustin : Je voudrais une salade de pâtes, s'il vous plaît.
Jimmy : Et vous, monsieur ?
John : **Quel sont les plats du jour ?**
Jimmy : Risotto ou gratin au fromage.
John : Je voudrais un gratin au fromage, s'il vous plaît.
Jimmy : Bien, monsieur. Voulez-vous autre chose ?
Carla : Oui, je prendrai une banane flambée pour le dessert, s'il vous plaît.
Jimmy : Et vous, messieurs, prendrez-vous un dessert ?
John : Non, merci.
Augustin : Non, je ne prendrai pas de dessert.
Martin : Moi non plus.

Jimmy s'éloigne. Quinze minutes plus tard, il revient avec les **plats commandés**.
Jimmy : Bon appétit ! Si vous voulez commander d'autres plats, n'hésitez pas à m'appeler.

Les quatre jeunes gens remercient le serveur et commencent à manger. Au cours du dîner, **Augustin prend la parole**.

Augustin : **Levons nos verres à l'amitié !**

Plus tard, Jimmy apporte le dessert de Carla. Puis, les quatre amis discutent pendant une heure de leurs prochaines vacances. John demande l'**addition**. Il règle l'addition. Ensuite, il quitte le restaurant avec ses amis. John laisse un **pourboire** généreux au serveur.

Augustin : **Alors, où allons-nous maintenant ?**

Carla : **Je suis à bout de forces**. Je vais rentrer chez moi. Bonne soirée, les garçons !

John : Merci ! Bonne nuit, Carla !

Martin : Moi aussi, je vais rentrer chez moi. Je travaille demain. Au revoir !

John et Augustin : Bonne nuit, Martin !

Augustin : **Maintenant, il ne reste plus que nous deux**, John. Quel est le programme ce soir ?

John : J'ai le DVD d'un film sorti récemment. Nous pouvons rentrer chez moi et regarder le film ensemble.

Augustin : D'accord !

Printed by Amazon Italia Logistica S.r.l.
Torrazza Piemonte (TO), Italy